STÜRMISCHE ZEITEN

STÜRMISCHE ZEITEN

MEINE ERSTEN JAHRE
ALS HERRSCHER VON SHARJAH
1971 – 1977

Sultan bin Muhammad al-Qasimi

Übersetzt von
Stefanie Kuballa-Cottone

Ω

Georg Olms Verlag
Hildesheim · Zürich · New York
2012

Bibliografische Information der Deutschen Nationalbibliothek
Die Deutsche Nationalbibliothek verzeichnet diese
Publikation in der Deutschen Nationalbibliografie;
detaillierte bibliografische Daten sind im Internet über
http://dnb.d-nb.de abrufbar.

Die arabische Originalausgabe erschien 2010
unter dem Titel »Hadeeth al zakira« bei Al Qasimi Publications.
Copyright © 2010 Sultan Muhammad al-Qasimi

Die deutsche Übersetzung folgt der englischen Ausgabe
»Taking the Reins. The Critical Years, 1971-1977«.
Übersetzt aus dem Arabischen von Dr. Ahmed Ali.
Herausgegeben von Dr. Colyn R. Davey and
Dr. Khaled Hroub, London 2012.

Georg Olms Verlag AG, Hildesheim 2012
www.olms.de
Printed in Germany
Gedruckt auf säurefreiem und alterungsbeständigem Papier
Übersetzt von Stefanie Kuballa-Cottone
Redaktion: Beate Bücheleres-Rieppel
Satz: Satzstudio Winkens, Wegberg
Umschlaggestaltung: Anna Braungart
Herstellung: Hubert & Co., Göttingen
ISBN 978-3-487-14842-7

Inhalt

Vorwort

AM 2. DEZEMBER 1971 wurden die Vereinigten Arabischen Emirate gegründet. Die Föderation bestand anfangs aus sechs eigenständigen Emiraten: Abu Dhabi, Dubai, Sharjah, 'Ajman, Umm al-Quwain und Fujairah. Am 25. Januar 1972 wurde ich zum Herrscher von Sharjah ernannt. Als siebtes und letztes Emirat schloss sich am 10. Februar 1972 Ra's al-Khaimah der Föderation an.

In den sechs Jahren, von denen dieses Buch erzählt, fanden schwindelerregende Entwicklungen statt, sowohl in Sharjah als auch in den Vereinigten Arabischen Emiraten insgesamt. Das Leben der Menschen veränderte sich: Aus Spaltung und Teilung wurde Einheit, Angst verwandelte sich in Sicherheit, an die Stelle von Arbeitslosigkeit traten solide berufliche Aufstiegschancen, aus Unwissenheit wurde Bildung, statt Ablehnung hielten Akzeptanz und Entgegenkommen Einzug in unser Land, und statt auf finanzielle Hilfen angewiesen zu sein, wurde Sharjah nun selbst zum Geldgeber.

Grundsätzlich werden die Begebenheiten in diesem Band gemäß ihrer zeitlichen Abfolge geschildert, aber in manchen Fällen fand ich es hilfreicher, mich gerade im Hinblick auf das Verständnis größerer Zusammenhänge stärker auf das Inhaltliche zu konzentrieren, als mich strikt an die Chronologie zu halten.

Möge Gott, der Allmächtige, dieses Buch segnen, auf dass es sich als nützliche Informationsquelle für die Söhne und Töchter der Emirate erweisen werde, denn *»Er ist mein Herr, in dessen Hand mein Leben liegt und zu dem ich dereinst zurückkehren werde«*.

Ich möchte diese Gelegenheit nutzen, dem Chefredakteur der Zeitung *al-Ittihād* und all ihren Mitarbeitern meinen tiefen und aufrichtigen Dank auszusprechen, ebenso allen Mitarbeitern des Nationalen Dokumentations-und Forschungszentrums im Ministerium für Präsidiale Angelegenheiten.

Shaikh Sultan bin Muhammad al-Qasimi,
September 2012

I

Die ersten Schritte der
Vereinigten Arabischen Emirate

AM 24. JANUAR 1972, FÜNFUNDVIERZIG TAGE nach der Gründung der Vereinigten Arabischen Emirate (VAE), fiel mein Bruder, Shaikh Khalid bin Muhammad al-Qasimi – der amtierende Herrscher von Sharjah und damit auch Mitglied des Obersten Rates der Föderation – einem Mordanschlag zum Opfer.[1]

Traurige Tage

Der 26. Januar 1972, ein Mittwoch, war der Tag des ʿ*Eid* – des religiösen Festes am Ende des heiligen Monats Ramadan. Auf das ʿ*Eid*-Gebet folgten weitere zu Ehren meines verstorbenen Bruders. Danach setzte sich der lange Trauermarsch in Bewegung, angeführt vom Vizepräsidenten der VAE und Herrscher von Dubai, Shaikh Rashid bin Saʿid al-Maktum, sowie den ehrwürdigen Mitgliedern des Obersten Rates. Nur Shaikh Rashid

---

[1] Die näheren Umstände der Ermordung können im ersten Band der Lebenserinnerungen des Autors, *Meine frühen Lebensjahre*, Georg Olms Verlag, 2011, nachgelesen werden (S. 306 ff.).

bin Humaid al-Nuʿaimi fehlte: Der Emir von ʿAjman absolvierte gerade seine Pilgerfahrt nach Mekka (*Hajj*). Während der Begräbniszeremonie erhoben die Trauernden ihre Stimmen zum *Duʾa*, dem Bittgebet für den Verstorbenen, und viele der anwesenden Männer, Frauen und Kinder weinten. Mein verstorbener Bruder war sehr beliebt und ein allseits angesehener Herrscher gewesen.

In der darauffolgenden Woche empfing ich viele Delegationen und Gruppen aus allen Teilen der VAE und den übrigen arabischen Staaten, die ihre Anteilnahme zum Ausdruck brachten. Während dieser Trauerphase stand die Flagge der Vereinigten Arabischen Emirate zu Ehren meines Bruders 40 Tage lang auf halbmast.

Eine Demonstration der Stärke

Für Mittwoch, den 2. Februar 1972, hatte ich die leitenden Regierungsbeamten von Sharjah einberufen, um nach den jüngsten Entwicklungen die Lage in unserem Land zu besprechen. Ich versicherte ihnen, dass unter der Aufsicht des Innenministeriums bereits ein Untersuchungsausschuss eingesetzt worden sei, der die Ermordung meines Bruders[2] aufklären und die Täter ihrer gerechten Strafe zuführen würde.

Das Attentat auf einen ihrer Herrscher, nur wenige Monate nach der Gründung der Föderation, hatte die Bürger der Emirate schwer erschüttert und beunruhigt. Doch dem Verteidigungsminister der VAE, Shaikh Muhammad bin Rashid al-Maktum, der

---

[2] Vgl. vorhergehende Fußnote.

ebenfalls eine Erklärung abgab, gelang es, den Menschen ein Gefühl von Sicherheit zu vermitteln: »Die Streitkräfte der Föderation wurden in höchste Alarmbereitschaft versetzt, um jeden Versuch, die Einheit und Solidarität der Arabischen Emirate zu gefährden, abzuwehren. Die Vereinigten Arabischen Emirate werden jeden Angriff auf ihr Territorium zu verhindern wissen. Wir warnen jeden, der mit dem Gedanken spielt, die Souveränität der Vereinigten Arabischen Emirate zu verletzen: Ein solch unverantwortliches Vorhaben würde von uns mit eiserner Entschlossenheit vereitelt werden. Unsere Streitkräfte sind gerüstet und werden jedem wie auch immer gearteten Versuch, die Föderation und deren Unabhängigkeit zu schwächen, offensiv entgegentreten. Jeder Schritt, den die Regierung der Föderation unternimmt, ist sorgfältig durchdacht. Im gesamten Staatsgebiet der Vereinigten Arabischen Emirate herrschen nun Sicherheit und Stabilität«, fügte er hinzu.

Ra's al-Khaimah tritt der Föderation bei

Am 6. Februar 1972 trat Shaikh Rashid bin Sa'id al-Maktum, Emir von Dubai und Vizepräsident der VAE, an den Präsidenten der VAE, Shaikh Zayid bin Sultan Al Nahyan, heran, um mit ihm den Beitritt von Ra's al-Khaimah zur Föderation zu besprechen. Vor diesem Treffen hatte Shaikh 'Abdullah al-Fadl, der Vertreter Saudi-Arabiens in den Emiraten, Vermittlungsgespräche zwischen Shaikh Saqr bin Muhammad al-Qasimi, Emir von Ra's al-Khaimah, und Shaikh Rashid bin Sa'id al-Maktum geführt. Nach der Sitzung entschied Shaikh Zayid, Ra's al-Khaimah solle die Erlaubnis erhalten, der Föderation beizutreten, wenn es

gelänge, mich zur Zustimmung zu Ra's al-Khaimahs Mitgliedschaft zu überreden. Sharjahs gesonderte Einwilligung war notwendig, weil Ra's al-Khaimah zur Zeit der Gründung der Föderation 1971 Beitrittsbedingungen hatte aushandeln wollen, die
Sharjahs Position geschwächt hätten.

Da für den 9. Februar 1972 eine Sitzung des Obersten Herrscherrates anberaumt worden war, traf ich am Tag zuvor in
Abu Dhabi ein. Die Sitzung wurde jedoch kurzfristig auf den
10. Februar verschoben. Am Abend meiner Ankunft ließ mir der
Präsident eine Nachricht zukommen mit der Bitte, ihn in einer
wichtigen Angelegenheit im al-Bahr-Palast zu treffen. So eilte ich
nach dem *Maghrib* (Gebet nach dem Sonnenuntergang) zum
Palast, wo ich gleich zu Shaikh Zayid geführt wurde. Er saß auf
einem Teppich unter Palmen, deren Äste bis zum Boden reich-
ten. Neben ihm saß sein Stellvertreter, Vizepräsident Shaikh
Rashid bin Sa'id al-Maktum.

Nachdem sie mich begrüßt hatten, boten sie mir einen Platz
in ihrer Mitte an. Dann ließ Shaikh Zayid die Katze aus dem
Sack: »Es könnte fatale Folgen haben, wenn Ra's al-Khaimah
von der Föderation ausgeschlossen bliebe, daher bitte ich Sie,
Shaikh Sultan, unserer Einladung an Shaikh Saqr bin Muhammad al-Qasimi, den Herrscher von Ra's al-Khaimah, den Vereinigten Arabischen Emiraten beizutreten, zuzustimmen. Ich bin
bereit, diesbezüglich alle eventuellen Forderungen Sharjahs zu
erfüllen.«

»Ich stimme vollkommen mit Ihnen beiden darin überein,
dass es schlimme Folgen haben könnte, wenn Ra's al-Khaimah
weiterhin aus der Föderation ausgeschlossen bliebe, und dass sein
Beitritt die Position der Föderation stärken würde. Was eventu-

elle Forderungen meinerseits angeht, die ich als Gegenleistung dafür erheben könnte, dass ich eine Stärkung der Föderation befürworte, so werde ich davon absehen, Euer Hoheit, denn dies verstieße in jeder Hinsicht gegen meine Natur und meine Prinzipien«, sagte ich.

Shaikh Rashid bin Saʿid al-Maktum wandte sich zu Shaikh Zayid um und sagte: »Das ist jener Sultan, von dem ich Ihnen erzählt habe, Zayid. Ich werde Sie beide nun allein lassen, ich muss zurück nach Dubai.« Bis heute habe ich keine Ahnung, was Shaikh Rashid bin Saʿid al-Maktum an jenem Abend über mich erzählt hatte.

Am Donnerstag, dem 10. Februar 1972, trat Raʾs al-Khaimah offiziell den Vereinigten Arabischen Emiraten bei.

Der Schah des Iran besucht Abu Musa

Es wurde die Nachricht verbreitet, der Schah von Persien wolle der Insel Abu Musa am 6. März einen Besuch abstatten. Ein solcher Besuch wäre für die Vereinigten Arabischen Emirate ein Schlag ins Gesicht gewesen, da die Insel aus historischer Sicht zu Sharjah gehört und damit, ungeachtet der unrechtmäßigen Ansprüche des Iran, unter die Staatshoheit der VAE fällt.

Die Briten baten, ein solcher Besuch möge auf einen späteren Zeitpunkt verschoben werden, und schlugen vor, der Schah könne in der Zwischenzeit zunächst Sharjah besuchen oder zumindest vor seinem Besuch auf Abu Musa das Gespräch zu diesem strittigen Thema suchen.

Außerdem pflichteten die Briten mir bei, dass der Plan des Schahs in völligem Widerspruch zu der Iran-Politik stand, auf die man sich mit dem verstorbenen Shaikh Khalid bin Muhammad al-Qasimi geeinigt hatte. Ich für meinen Teil erwartete eine scharfe Reaktion von Seiten der arabischen Welt, die das Problem der Inseln im Persischen Golf zuspitzen würde.

Später erfuhr ich, dass der britische Leiter der Polizei von Sharjah, Bob Burns, einen Bericht vom britischen Konsulat in Dubai erhalten hatte, der diesem wiederum am 29. März 1972 aus Teheran zugegangen war. In diesem Bericht hieß es: »Wie in den Morgenausgaben der Zeitungen zu lesen war, ließ der iranische Generalstabschef verlauten, der Schah habe am Tag zuvor, von der Insel Kish kommend, der Insel Abu Musa einen Besuch abgestattet.«

Weiter schrieben die Zeitungen, der Schah sei von der Inselbevölkerung begeistert empfangen worden. Er habe sich von iranischen Bewohnern der Insel über die Garnisonsstandorte berichten lassen und sich die Pläne zur wirtschaftlichen Entwicklung Abu Musas angehört. Anschließend inspizierte er die iranischen Flottenvorbereitungen und erließ eine Reihe von Dekreten zur Verbesserung des Lebensstandards der 700 Bewohner von Abu Musa, bevor er zur Insel Kish zurückkehrte.

Die iranische Zeitung *Kayhan* veröffentlichte darüber hinaus Berichte über den geplanten Bau einer Wassersperre, eines Krankenhauses und einer Schule. Andere Artikel erläuterten Einzelheiten über einen neuen Marktplatz, der bereits genutzt wurde, und berichteten über zwei Einsatzgruppen, die auf der Insel Malariaprävention betrieben. Weitere erste Schritte zur Entwicklung von Fördermaßnahmen für Fischerei und Handel auf Abu Musa würden bereits vor Ort unternommen.

Nachforschungen ergaben jedoch, dass die Bewohner von

Abu Musa keine Unterhaltungen irgendwelcher Art mit dem Schah geführt hatten. Ihnen zufolge war nichts weiter passiert, als dass der Schah in einem Militärfahrzeug vorübergefahren sei.

Über diesen Vorfall war nicht ein Wort in den Medien von Abu Dhabi zu lesen oder zu hören. Und keiner der arabischen Staaten erhob auch nur ein einziges Wort des Widerspruchs.

Der Präsident der VAE betreibt Innen- und Außenpolitik

Am 29. März 1972 brach Seine Hoheit Shaikh Zayid bin Sultan Al Nahyan, der Präsident der Vereinigten Arabischen Emirate, zu einer zehntägigen Reise durch die Emirate auf.

Am Freitag, dem 14. April, empfing ich Shaikh Zayid in Sharjah. Er kam mit dem Hubschrauber aus Khawaneej in Dubai, wo er für den Zeitraum seiner Rundreise seine Zelte aufgeschlagen hatte, und landete in dem »Großen Wadi« Batha'a vor Shaikh Zayids Anwesen in Al Dhaid. Zu seiner Begrüßung hatte ich einige Würdenträger Sharjahs versammelt, sowohl aus den Reihen der Beduinen als auch typische Stadtbewohner. Nachdem Shaikh Zayid sich mit ihnen unterhalten und sie sich wieder verabschiedet hatten, blieb mir noch etwa eine Stunde mit ihm. Wir diskutierten zunächst über den Prozess gegen die mutmaßlichen Mörder von Shaikh Khalid bin Muhammad al-Qasimi, danach über verschiedene politische Themen, die die anderen Herrscher der VAE betrafen. Im Rahmen verschiedener Ortstermine gab es auch immer wieder Gespräche mit Vertretern diverser Gruppen vor Ort.

Als großzügiges Geschenk an seine Gastgeber spendete Shaikh Zayid Geldmittel für den Bau bzw. die Anschaffung und Installation von:

- 400 Wohnhäusern,
- 10 Moscheen,
- 5 Krankenhäusern,
- 200 Trinkwasserbrunnen und
- 200 Wasserpumpen.

Shaikh Zayid teilte mir mit, der Besuch in Sharjah habe seine Erwartungen bei Weitem übertroffen. Traurig habe ihn nur das Gespräch mit jenen Einheimischen gemacht, die eine Föderation erwartet hatten, die ihnen direkte Vorteile verschaffen würde. Der Klang seiner Stimme verriet deutlich, dass er es für seine Pflicht hielt, sich um solche Angelegenheiten persönlich zu kümmern.

Ende Februar 1972 absolvierte Shaikh Zayid eine Reihe bedeutender Staatsbesuche, die ihn in den Sudan, nach Libyen und Syrien führten. Bei seinen Treffen mit den jeweiligen Präsidenten – Numairi, Gaddafi und Hafiz al-Assad – ging es in erster Linie darum, auf Gesprächsebene mit allen arabischen Ländern enge Kontakte zu knüpfen. Er war überzeugt, dass dies nicht nur von großem nationalem Interesse sei, sondern sah darin auch den einzigen Weg, eine einheitliche Front gegen die israelischen Angriffe aufzubauen, vor allem nach dem Sechstagekrieg und Israels Besetzung von weiteren arabischen Gebieten.

Die Besuche von Shaikh Zayid in diesen arabischen Ländern offenbarten auch die große Wertschätzung, die die Vereinigten

Arabischen Emirate in der Region genossen. Den wirtschaftlichen, sozialen und kulturellen Fortschritt, den die Vereinigten Arabischen Emirate innerhalb so kurzer Zeit erreicht hatten, betrachteten die anderen arabischen Länder voller Respekt. Auch die Politik der offenen Tür, die Shaikh Zayid zur Unterstützung der arabischen Sache betrieb, wurde allgemein bewundert und befürwortet.

Die Presseerklärungen, die nach Shaikh Zayids Besuch in Khartum, Tripolis und Damaskus abgegeben wurden, waren anders als jene, die sonst üblicherweise nach Staatsbesuchen von Regierungschefs verfasst wurden, weil sie ganz offen die arabischen Wertvorstellungen und Prinzipien zum Ausdruck brachten, an die Shaikh Zayid aufrichtig und von ganzem Herzen glaubte. Jene Erklärungen hatten nachdrücklich volles Verständnis für das Ausmaß der Konfrontation mit Israel auch in Bezug auf solche arabischen Staaten geäußert, die nicht direkt an Israel angrenzten. Darüber hinaus war stets das Recht der Palästinenser auf eine Rückkehr in ihr Heimatland sowie deren Recht auf aktiven Widerstand befürwortet worden, gefolgt vom Ruf nach einer Strategie zur Vereinigung der Palästinenser. Diese Erklärungen hingegen nannten konkrete Schritte zur Gründung einer Föderation der arabischen Republiken, mit dem Ziel, im Verbund mit den Vereinigten Arabischen Emiraten eine größere Einheit zu schaffen, in der alle arabischen Länder »vom Atlantischen Ozean bis zum Arabischen Golf[3]« vertreten sein sollten.

---

[3] Gemeint ist die Wasserstraße, die vielfach als Persischer Golf bezeichnet wird.

Der erste Präsident auf Staatsbesuch in den VAE

Zur weiteren Ausgestaltung der Außenpolitik der Vereinigten Arabischen Emirate, die das erklärte Ziel hatte, enge Beziehungen zu anderen Staaten und insbesondere den arabischen Ländern aufzubauen, lud der Staatspräsident der VAE den Präsidenten des Sudan, Seine Exzellenz Ja'far Numairi, ein, die Vereinigten Arabischen Emirate zu besuchen. Dieser nahm die Einladung an. Bei seiner Ankunft in Abu Dhabi am 23. April wurde Präsident Numairi sowohl von offizieller Seite als auch von der Öffentlichkeit begeistert empfangen.

Im Verlauf einer Sitzung des Generalrats von Sharjah wurde mir von Präsident Numairi die sudanesische Ehrenschärpe verliehen. Anlässlich dieser Auszeichnung hielt der Protokollchef des Präsidentenpalastes in Khartum, Nabil Murad, ein Rede im Namen des sudanesischen Präsidenten. Seine Worte möchte ich hier wiedergeben:

In Anerkennung der herausragenden Rolle, die er im Namen von Sharjah und der Vereinigten Arabischen Emirate zur Förderung von Fortschritt und Wohlstand seiner Bürger gespielt hat, und zur Würdigung dieses vielversprechenden Zusammentreffens, das dank der großzügigen Einladung von Seiner Hoheit Shaikh Zayid bin Sultan zustande kam, ist es mir ein besonderes Vergnügen, im Namen des Volkes und der Regierung der Demokratischen Republik Sudan Seiner Hoheit Shaikh Sultan bin Muhammad al-Qasimi, Herrscher von Sharjah, die sudanesische Ehrenschärpe zu verleihen, in der inständigen Hoffnung, er möge sie annehmen.

Ebenfalls von Präsident Numairi mit der sudanesischen Ehren-schärpe ausgezeichnet wurden:

– Shaikh Rashid bin Humaid al-Nu'aimi, Herrscher von 'Ajman
– Shaikh Saqr bin Muhammad al-Qasimi, Herrscher von Ra's al-Khaimah
– Shaikh Ahmad bin Rashid al-Mu'allah, Herrscher von Umm al-Quwain
– Shaikh Khalifah bin Zayid Al Nahyan, Kronprinz von Abu Dhabi und
– Shaikh Maktum bin Rashid al-Maktum, Kronprinz von Dubai.

Großbritannien ist verärgert

Die aktive Rolle in der Region, die Shaikh Zayid bin Sultan Al Nahyan als Präsident der VAE spielte, seine Staatsbesuche und offiziellen Erklärungen verärgerten die Briten, und auch der Außenminister des Iran, Khalatbary, und der Schah selbst waren verstimmt. Besondere Sorge bereitete ihnen die Tatsache, dass Shaikh Zayid Beziehungen zu solchen Ländern aufbaute, mit denen er ihrer Ansicht nach nichts zu tun haben sollte. Dieser Ärger kam in einem Schreiben vom 31. Mai 1972 zum Aus-druck, das Patrick Wright, Leiter der Nahost-Abteilung des bri-tischen Außenministeriums, an seinen Vorgesetzten schickte[4]:

---

4 Der folgende Text gibt den Inhalt des Originaldokuments exakt wieder.

Im außenpolitischen Bereich war der Präsident[5] weit weniger erfolgreich. Mit großem Bedauern nahmen wir die Erklärungen nach seinen Besuchen im Sudan, in Libyen und Syrien sowie die Kommuniqués nach dem Besuch seines Ölministers in Libyen (in dem die libysche Verstaatlichung des BP-Vermögens unterstützt wird) zur Kenntnis. Der Entschluss des Präsidenten, diplomatische Beziehungen zur Sowjetunion aufzunehmen, ist ebenfalls höchst besorgniserregend. Wir glauben, dass er sich in dieser Sache zunächst nicht ganz sicher war und angesichts der Reaktionen der Nachbarstaaten und von unserer Seite noch einmal darüber nachdenken wollte. Derzeit sieht es jedoch so aus, als hätte der Beschluss Bestand und als könnten die sowjetischen Diplomaten bereits in naher Zukunft eintreffen.

Unter der Überschrift »Möglichkeit, Shaikh Zayid zu ersetzen«, fügte er dann noch hinzu:

Folglich haben wir vollstes Verständnis für das Unbehagen des Iran angesichts des Verhaltens und der Politik des Präsidenten der VAE. Dessen ungeachtet sind wir der Überzeugung, dass es keine Alternative zur Präsidentschaft von Shaikh Zaid[6] gibt und er die vorgesehene Amtszeit (fünf Jahre) zu Ende bringen sollte. Versuche, ihn zu ersetzen, erachten wir als extrem riskant. Die Gründe hierfür sind folgende:

---

5 Gemeint ist Seine Hoheit Shaikh Zayid bin Sultan Al Nahyan.
6 So die Schreibweise von Zayid im Originaldokument.

22

(a) Zaid ist im eigenen Land äußerst beliebt. Seine Großzügigkeit gegenüber den Clans Abu Dhabis danken ihm diese mit Unterstützung und Anerkennung. Jeder Versuch, ihn durch ein anderes Mitglied der Familie zu ersetzen, würde mit an Sicherheit grenzender Wahrscheinlichkeit eine gefährliche Fehde zwischen den Unterstützern der beiden rivalisierenden Gruppen herbeiführen.

(b) 7

(c) Der Regierungsapparat sowohl Abu Dhabis als auch der VAE wird vollkommen von fest etablierten ausländischen Ratgebern dominiert, bei denen es sich meist um Palästinenser, Ägypter, Libanesen oder Sudaner handelt. Deren Demontage würde den gesamten Regierungsapparat zum Erliegen bringen und eine Krise in den Beziehungen zwischen den VAE und den extremeren arabisch-nationalistischen Regierungen auslösen. Das heißt, jeder neue Herrscher wäre ebenso sehr seinen Ratgebern ausgeliefert, wie es Shaikh Zaid momentan ist.

(d) Der Versuch, die Präsidentschaft der VAE von Abu Dhabi auf Dubai zu übertragen, ist völlig indiskutabel. Ohne das Geld von Abu Dhabi würde die Föderation zusammenbrechen. Im Vergleich zu Zaid verfügt Shaikh Rashid über relativ wenig Unterstützung aus den Reihen der Beduinen. Es gibt kaum noch Zweifel, dass, sollte der Vize-Präsident versuchen, die Präsidentschaft zu übernehmen (mit oder ohne Unterstützung von außen), es zu einem ernsthaften Zerwürf-

---

7 Der Text dieses Unterpunktes fällt nach wie vor unter Abschnitt 5 (1) des Public Records Acts (Verordnung über die Verwendung von Behördendaten), in Kraft seit 1958, bindend bis 2013.

nis zwischen Abu Dhabi und Dubai käme, das den vollstän-
digen Zusammenbruch der VAE zur Folge hätte. Das daraus
resultierende Chaos in den Staaten der Vertragsküste könnte
sich nur zu Ungunsten Großbritanniens und des Iran auswirken, deren Ziel es immer war, die Golfregion zu stabilisieren.

Wrights Fazit: »Aus den oben genannten Gründen hoffen wir
sehr, dass der Iran nichts unternehmen wird, was die Absetzung
Zaids zum Ziel hätte.«

Anlässlich des Treffens am 1. Juni 1972 zwischen dem britischen Außenminister und seinem iranischen Kollegen Khalatbary stellte Letztgenannter fest, dass »der Schah persönlich über
das Verhalten von Shaikh Zayid sehr aufgebracht ist«.

In dem Bericht, der die Ergebnisse des Treffens zusammen-
fasste, schrieb der britische Außenminister:

Oberste Priorität scheint für Khalatbary das Problem zu haben,
das der Präsident der VAE, Zayid, heraufbeschworen hat, insbesondere die feindliche Haltung, die er zuletzt (in den Erklärungen nach seinem Besuch im Sudan, in Libyen und Syrien) gegenüber dem Iran an den Tag legte.

Aus seinen[8] Andeutungen könnte man schließen, dass der
Schah möglicherweise über Mittel und Wege nachgedacht hat,
wie Shaikh Zayid abgelöst werden könnte. Bei zahlreichen Gele-
genheiten deutete der Botschafter Seiner Majestät in Teheran an,
wie viele Schwierigkeiten aus solchen Handlungen erwachsen
können. Doch unsere Sichtweise scheint den Schah nicht zu

---

[8] Gemeint ist Khalatbary.

überzeugen. Unser Hauptziel bei diesem Treffen muss es sein, Khalatbary mit aller Entschiedenheit von jeglichen geheimen Vorhaben zur gewaltsamen Ablösung Zayids abzubringen, denn dies würde nur zum Auseinanderbrechen der Föderation der Vereinigten Arabischen Emirate führen, ohne jede Garantie, dass Zayids Nachfolger willens – oder in der Lage – wäre, moderatere politische Töne anzuschlagen.

Vorsicht! Iranische Falle!

Der Schah des Iran schien fest entschlossen, ungeachtet der britischen Ratschläge eigene Wege zu beschreiten. Im Mai 1972 versuchten britische und einige iranische Abgesandte, mich dazu zu bewegen, eine Einladung des Schahs zu einem Besuch im Iran anzunehmen. Da ich in sehr engem Kontakt zu Shaikh Zayid stand, informierte ich ihn stets über jede Einladung. Es stellte sich heraus, dass die Einladung des Schahs nichts weiter als eine Falle war, ein Versuch, einen Keil zwischen mich und den Präsidenten, Shaikh Zayid, zu treiben. In einer Nachricht, die der britische Botschafter in Abu Dhabi, C. J. Treadwell, am 10. Juni 1972 an den britischen Botschafter in Teheran, N. W. Browne, schickte, schrieb Treadwell unter der Zwischenüberschrift »Der Iran und die Staaten der Vereinigten Arabischen Emirate«: »Vielen Dank für Ihren Brief vom 26. Mai an das Büro des Konsulats betreffend des eventuellen Iran-Besuchs des Herrschers von Sharjah. Eine solche Einladung, vor allem wenn sie angenommen wird, könnte die guten Beziehungen zwischen Zayid und Sultan zerstören.«

Machtkonsolidierung des Obersten Rates

Am 9. Juni 1972, einem Sonntag, kam es in der Gegend von Kalbaa zu einem zwei Tage andauernden Scharmützel zwischen
Sharjah und Fujairah. Vier Tote waren zu beklagen und einige
Menschen wurden leicht verletzt. Die Streitkräfte der VAE grif-
fen ein und bald waren Stabilität und Ordnung wiederherge-
stellt. Infolge dieser Ereignisse wurde am darauffolgenden Dienstag, dem 11. Juni 1972, auf Einladung von Shaikh Zayid ein
Treffen im al-Bahr-Palast in Abu Dhabi anberaumt. Dort traf
ich mit dem Herrscher von Fujairah, Shaikh Muhammad bin
Hamad al-Sharqi, zusammen. Außerdem anwesend waren: Seine
Hoheit Shaikh Khalifah bin Zayid Al Nahyan, Kronprinz von
Abu Dhabi, Seine Hoheit Shaikh Maktum bin Rashid al-Maktum, Premierminister, sowie Seine Exzellenz der Außenminister,
Ahmad bin Khalifah al-Suwaidi. Der Konflikt zwischen Sharjah
und Fujairah wurde mit dem Ziel verhandelt, eine dauerhafte
Friedenslösung zu finden. Damit hatten die Machthaber der Föderation zum zweiten Mal ihre Fähigkeit bewiesen, interne Strei-
tigkeiten erfolgreich zu bewältigen.

Am 17. Juli 1972, einige Wochen nach jenem unglückseligen
Vorfall und sieben Monate nach der Gründung der VAE, trat
der Oberste Rat zusammen. Den Vorsitz führte Staatspräsident
Shaikh Zayid bin Sultan Al Nahyan, der seine Regierungsziele
vorantreiben wollte: die Errichtung eines starken Staates, der all
seinen Bürgern Sicherheit, Arbeit, Bildung, medizinische Versor-
gung und Wohnung bot.

Während der Konferenz kam neben dem Konflikt zwischen
Sharjah und Fujairah auch die allgemeine Staatspolitik zur Sprache.

Es wurde hervorgehoben, welche Erfolge in der kurzen Zeit seit Bestehen der Vereinigten Arabischen Emirate erzielt worden waren, vor allem im Hinblick auf die Grundversorgung der Bürger.

Die Gesetze und Verordnungen, die der Oberste Rat an jenem Tag erließ, hatten allesamt Bürgerinteressen im Fokus, wie zum Beispiel:

– Bundesgesetz Nr. 9 von 1972, die Privatschulen betreffend; Regelungen und Vorschriften für die Gründung von Privatschulen und deren Unterstellung unter die Aufsicht des Bildungsministeriums;

– Bundesgesetz Nr. 10 von 1972, die Förderung von Auslandsstudien betreffend; Systematisierung der Regelungen und Vorschriften über die Entsendung von Bürgern der VAE zum Studium ins Ausland auf Staatskosten;

– Bundesgesetz Nr. 11 von 1972, die Schulpflicht betreffend; dieses Gesetz legte fest, dass für alle Bürger der VAE der Besuch der Grundschule verpflichtend und der Besuch aller Schulen, auch der weiterführenden, kostenfrei ist. Es basiert auf der Überzeugung, dass Bildung eine Grundvoraussetzung für den Fortschritt und den Wohlstand jeder Gesellschaft darstellt.

– Bundesgesetz Nr. 12 von 1972, die Organisation von Clubs und Vereinen im Bereich der Kinder- und Jugendhilfe betreffend; und

– Bundesgesetz Nr. 13 von 1972, die Sozialleistungen und die Systematisierung der Regelungen und Vorschriften über die Zahlung solcher Leistungen an Bedürftige betreffend. Dadurch sollte den Bürgern der VAE soziale Fürsorge zukommen und das Solidaritätsprinzip etabliert werden.

In Sharjah wird Erdöl entdeckt

Dem Unternehmen Buttes Gas & Oil, das über die Konzession
zur Erdölexploration rund um die Insel Abu Musa verfügte,
gelang die Erschließung des ersten Ölfelds in Sharjah, das ich
'*Mubarak*' (gesegnet) taufte. Am 9. Oktober 1972, einem Montag, verkündete der nationale Radiosender den Erdölfund von
Buttes Gas & Oil.

Ich hielt an jenem Tag eine Rede, in der ich die ruhmreichen
Anstrengungen des Volkes von Sharjah lobte, die nun, am heutigen Tag, Früchte trugen. Ich rief die Bevölkerung auf, sich weiterhin für Einheit und Solidarität stark zu machen, auf dass wir
diesen Segen, den Allah uns geschenkt hatte, bewahren könnten
und er für uns ein Schutzschild werde, der unserer Föderation
unter der Führung von Shaikh Zayid bin Sultan Al Nahyan den
Weg zu Fortschritt und Wohlstand sicherte.

Nachdem die Rede gesendet worden war, eilte ich in die
Moschee, um Allah, dem Allmächtigen, mit einem Gebet meine
Dankbarkeit zu zeigen. Nach den *Tarawih*-Gebeten an jenem
Abend empfing ich viele Gruppen, die zum Generalrat kamen,
um mir ihre Glückwünsche zu übermitteln.

Der britische Botschafter für
die Vereinigten Arabischen Emirate

Der britische Botschafter war derselbe Mann, der bereits vor der
Gründung der Vereinigten Arabischen Emirate als »British Political Agent« die Interessen Großbritanniens in Abu Dhabi vertreten hatte: Charles James Treadwell. Während der britischen

Militärherrschaft im Sudan war er 1945-1955 zunächst als Richter in Kasala tätig, um dann 1968-1971 die außenpolitischen Verpflichtungen der britischen Krone in Abu Dhabi wahrzunehmen. Sein Kollege in Dubai, H. Glen Balfour-Paul, hatte damals alle Vorkehrungen getroffen, damit Shaikh Saqr bin Sultan al-Qasimi am 24. Juni 1962 von seinen Verpflichtungen als Herrscher von Sharjah entbunden wurde. Und auch ihrer beider Vorgesetzter, Sir William Luce, konnte bereits auf zahlreiche Posten und Ämter zurückblicken, darunter:

— Berater des britischen Generalbevollmächtigten im Sudan, 1930–56;
— Herrscher der Kronkolonie Aden, 1956-60;
— »Political Resident« (Vertreter des britischen Außenministeriums) in der Golfregion (er wurde »Golfpräsident« genannt) 1961-66 und
— Britischer Sonderbeauftragter für Angelegenheiten in den Golfstaaten 1966-72.
— Darüber hinaus leitete er die Verhandlungen zwischen Großbritannien und dem Iran im Streit um die Inseln im Golf.

Es schien jedoch, als hätte Treadwell seine Aufgaben als Botschafter vergessen und stattdessen angefangen, seine ganz persönlichen Vorstellungen umzusetzen und den Herrschern Anordnungen zu übermitteln, die der Verwirklichung seiner eigenen politischen Strategien dienen sollten. Dazu griff er auf die britischen Beamten zurück, die in der Sicherheitsabteilung von Sharjah arbeiteten, wie zum Beispiel Bob Burns und David Nield.

Ich besprach diese Angelegenheit mit Shaikh Zayid bin Sultan Al Nahyan und beschloss, diese Leute schrittweise loszuwerden.

Das Verhalten des britischen Botschafters erinnerte mich an eine alte Geschichte: Ein türkischer Polizist in Ägypten hatte seinen Posten verloren, nachdem Muhammad ʿAli Pascha in der ersten Hälfte des 19. Jahrhunderts alle türkischen Beamten auf die Straße gesetzt hatte. Der Türke besorgte sich eine Reihe von irdenen Krügen, die er mit frischem Wasser füllte, damit die Leute ihren Durst löschen konnten, so wie es damals in Ägypten Brauch war. Die Krüge (arabisch *Sabeel*) hatte er rot und grün angemalt und stellte sie für jedermann zugänglich auf. Wenn aber nun ein Durstiger vorbeikam und aus einem roten Krug trinken wollte, schrie er ihn an: »*Kharsis* [türkisch ›Dieb‹]! Warum trinkst du aus dem roten Krug?«

»Aber das ist doch ein *Sabeel*, oder nicht?«, wunderte sich der Durstige.

»Nein, das ist kein *Sabeel*. Der grüne Krug ist ein *Sabeel*«, gab der Ex-Beamte zurück. Und wenn ein durstiger Passant den grünen Krug nahm, schrie der frühere Beamte: »*Kharsis*! Warum trinkst du aus dem grünen Krug?«

»Aber das ist doch ein *Sabeel*, oder nicht?«, wunderte sich nun dieser Durstige.

»Nein, das ist kein *Sabeel*. Der rote Krug ist ein *Sabeel*«, erwiderte der Beamte. Und so fuhr er immer fort und konnte dadurch seine Machtgier und sein Bedürfnis, Befehle zu erteilen, befriedigen.

2

Zwischen den USA und Ägypten

Von 1973 an waren sowohl die Emirate insgesamt als auch Sharjah selbst der Schauplatz für einige bedeutende Ereignisse. Mein persönlicher Höhepunkt war meine Hochzeit. Ende Januar 1973 heiratete ich Mouza bint Salem al-Mani', die mütterlicherseits mit mir verwandt war. Die Hochzeitszeremonie war schlicht, ohne ausufernde Feier. Wir bekamen zwei Kinder: eine Tochter, Azza, und meinen inzwischen verstorbenen Sohn Muhammad.

Politisch, gesellschaftlich und auf Regierungsebene reihte sich ein Ereignis ans nächste – ein Ergebnis unserer Bemühungen, unsere Vision zu verwirklichen und die Föderation zu konsolidieren.

Die Führungsrolle des Obersten Rates

Die eigentlichen Schritte hin zu einer Konsolidierung der Föderation einschließlich der geeigneten Umsetzungsstrategien gingen vom Obersten Rat der Vereinigten Arabischen Emirate aus. Am 25. April 1973, einem Mittwoch, tagte der Oberste Rat mor-

gens und abends, um am Tag darauf noch eine dritte Sitzung ab-
zuhalten. Im Mittelpunkt der Konferenz standen Themen rund
um die Bereitstellung weiterer Leistungen für die Bürger der
VAE sowie die Verabschiedung jener Bundesgesetze und -ver-
ordnungen, die die Gründungsphase und Konsolidierung der
staatlichen Behörden und Institutionen der Föderation zum Abschluss bringen sollten.

Der Oberste Rat beschäftigte sich auch mit dem Bericht, den
Premierminister Shaikh Maktum bin Rashid vorgelegt hatte und
in dem die Ergebnisse der Bundesministerien in allen Bereichen
aufgelistet wurden. Zu den verschiedenen Themen hielt der Bericht unter anderem fest:

Bildung: 30.000 Schüler wurden in staatlichen Schulen unter-
richtet. Der Generalplan Bildung sah vor, diese Zahl innerhalb
von drei Jahren auf 50.000 Schüler zu erhöhen.

Gesundheit: Dem Bericht zufolge wurde der Präventivmedizin
viel Aufmerksamkeit gewidmet, ebenso der Erbringung von Ge-
sundheitsleistungen und der Gründung von medizinischen Zen-
tren in allen Teilen des Landes.

Wohnungsbau: Der Bau von modernen staatlichen Wohnhäusern
in von Beduinen bewohnten Gebieten und die damit verbun-
dene Urbanisierung und Entwicklung schritten voran. Bedarfser-
mittlungen fanden auch in Umm al-Quwain und den Beduinen-
Gebieten in Ra's al-Khaimah statt, ebenso in anderen Gegenden,
in denen öffentlicher Wohnungsbau vorgesehen war. Der Bericht
beleuchtete die Anstrengungen, die der Staat unternommen hatte,

um neue Straßen zu bauen, sowohl im urbanen Bereich als auch über Land, was insbesondere die Verbindung Dhaid–Fujairah betraf, deren Kosten sich auf 45 Millionen VAE-Dirham beliefen.

Strom- und Wasserversorgung: Neue Stromkraftwerke gingen ans Netz, bestehende Elektrizitätsnetze wurden erweitert. Der Bau eines 7000-Megawatt-Kraftwerks, das die gesamte östliche Region über ein Verteilernetz versorgen sollte, war in Planung. Hinsichtlich der Trinkwasserversorgung wurde eine Untersuchung durchgeführt, in der es um die Lokalisierung neuer Wasserquellen, den Bau neuer Brunnen, den Bau von Wassertürmen in Küstennähe und im Landesinnern, die effizientere Nutzung von Grundwasser sowie die Einrichtung moderner Anlagen und Pumpen ging.

Landwirtschaft und Fischerei: Der Staat stellte den Landwirten Darlehen zur Verfügung und unterstützte die Beschaffung und den Unterhalt landwirtschaftlicher Maschinen und Geräte sowie die Erschließung neuer Brunnen.

Post- und Fernmeldewesen: Neben einer detaillierten Analyse der Dienstleistungen in den Bereichen Post, Telegrafie und Telefonie lag auch eine Machbarkeitsprüfung hinsichtlich der Ausweitung der Dienste der Postämter vor.

Jugend und Sport: Unter der Regie des Ministeriums für Jugend und Sport fanden besondere Aktivitäten für Kinder und Jugendliche statt; zur Unterstützung von Sportvereinen wurden bereits eine Million VAE-Dirham ausgegeben. Es wurden Pfadfindergruppen gegründet und das Ministerium setzte sich engagiert für die Veranstaltung von Pfadfinderfreizeiten und -großlager ein.

Medien: Das entsprechende Ministerium hatte einen Gesetzesentwurf zum Thema Veröffentlichungsrecht ausgearbeitet und in allen Emiraten Anlaufstellen für die Bürger eingerichtet, in denen sie sich informieren konnten. Die Zeitung *al-Ittihād* wurde die erste Tageszeitung der VAE.

Innere Sicherheit: Es wurden Grenzübergänge zur Ein- und Ausreise bestimmt und eine Küstenwacht eingerichtet, die Patrouillen auf See durchführte. Außerdem wurde eine Bundespolizei gegründet und eine Bundespolizeischule ins Leben gerufen.

Verteidigung: Die Föderation verfügte über Streitkräfte, um das Land zu schützen und die Integrität und Sicherheit des Staatsterritoriums zu gewährleisten.

Außenpolitik: Die Außenpolitik der VAE zeichnete sich durch ein hohes Maß an Flexibilität gegenüber allen Ländern der Welt aus und stützte sich auf die Überzeugung, dass eine friedliche Koexistenz aller Völker der Erde anzustreben und möglich sei.

Das gestiegene Ansehen der VAE und der Jom-Kippur-Krieg

In diesem Jahr, 1973, gab es viele Anlässe, bei denen ich mich bemühte, durch mein Handeln die wachsende Bedeutung der VAE sowohl in der Golfregion als auch auf dem internationalen

Parkett unter Beweis zu stellen. Dazu zählten internationale Staatsbesuche und solche in der Region, aber auch die Haltung der VAE angesichts des arabisch-israelischen Jom-Kippur-Krieges und des damit einhergehenden Ölembargos, das gegen jene Staaten verhängt wurde, die Israel unterstützten. Ich gehe in meinen Schilderungen zuerst auf vier Staatsbesuche ein und komme dann auf den Krieg zu sprechen. Den Abschluss bildet ein Bericht über eine weitere wichtige Sitzung des Obersten Rates der Vereinigten Arabischen Emirate.

Bei den vier Staatsbesuchen, die ich hier beschreiben möchte, handelt es sich einerseits um den Besuch von Sultan Qabus von Oman in den VAE und andererseits um meine eigenen Staatsbesuche in den USA, in Großbritannien und Ägypten. Der Besuch des Herrschers von Oman war deswegen von so herausragender Bedeutung, weil es sich hierbei um einen Nachbarstaat handelte, der seit Jahrhunderten eine einflussreiche und machtvolle Position im Persischen Golf einnahm. Der offizielle Besuch von Sultan Qabus kam einer Anerkennung der VAE gleich und unterstrich die neuen Gegebenheiten innerhalb der Golfregion durch die Existenz der Föderation. Mein Staatsbesuch in den USA und der Empfang, der mir dort bereitet wurde, war von ähnlicher Tragweite: Es ging darum, die Position der VAE auf internationaler Ebene geltend zu machen, und zwar gegenüber einer Supermacht, die durch ihren Einfluss und ihre Präsenz am Persischen Golf die Rolle übernommen hatte, die einst Großbritannien gespielt hatte.

Am Montag, dem 26. März 1973 landete der Helikopter mit Seiner Hoheit Shaikh Zayid bin Sultan Al Nahyan und seinem Gast, Seiner Majestät Sultan Qabus bin Saʻid von Oman, auf

dem Diyafa-Palast in Jumeirah (Dubai). Dort wurden sie von
Shaikh Rashid bin Sa'id al-Maktum und den übrigen Herr-
schern, den Mitgliedern des Obersten Rates, den Kronprinzen,
Shaiks und Ministern begrüßt.

Im großen Konferenzraum des Palastes fand sodann hinter ver-
schlossenen Türen eine lange Sitzung statt. Anwesend waren
Shaikh Zayid bin Sultan Al Nahyan sowie die Herrscher und
Kronprinzen der Emirate. Auch Shaikh Khalifah bin Zayid, der
Kronprinz von Abu Dhabi, war nach Dubai gekommen, um
Sultan Qabus bin Sa'id zu begrüßen, war aber nicht die gesamte
Konferenz hindurch anwesend. Im Mittelpunkt der Gespräche
standen die Beziehungen zwischen den Vereinigten Arabischen
Emiraten und Oman und wie diese konsolidiert werden könnten.

Danach stattete Sultan Qabus dem Hauptquartier der Streitkräfte der Föderation, Camp *Mirqab*, einen Besuch ab. Begleitet
wurde er dabei von Shaikh Zayid bin Sultan und Shaikh Rashid
bin Sa'id. Vor Ort wurde er von Verteidigungsminister Shaikh
Muhammad bin Rashid al-Maktum empfangen.

Der nächste bedeutungsvolle Staatsbesuch war mein Aufenthalt
in den USA. Nachdem man in der Nähe der Insel Abu Musa auf
Erdöl gestoßen war und das frisch entdeckte Ölfeld die ersten Er-
träge lieferte, hatte mich die Firma Buttes Gas & Oil eingeladen,
die Vereinigten Staaten zu besuchen. Ich nahm die Einladung an.

Am Samstag, dem 9. Juni 1973 brach ich in Richtung Amerika auf. Die Delegation, die mich begleitete, bestand aus dem
Leiter der Nationalgarde, Shaikh 'Abdul-'Aziz bin Muhammad
al-Qasimi, dem Vizepräsidenten der Al-Hilal Oil Company
von Sharjah, dem Leiter des Amts für Verwaltungsfragen von

Sharjah, ʿAbdul-ʿAziz Hassan al-Midfaʿ, und, als militärischem Begleitschutz, Major ʿAli bin ʿAbdullah al-Muhayyan.

Den Sonntag verbrachten wir in London, um am darauffolgenden Morgen des 11. Juni nach Washington D.C. weiterzufliegen. Kurz vor 15 Uhr landeten wir am Dulles International Airport in Washington.

Alle Termine mit dem Außenministerium waren im Vorfeld mit Quincey Lumsden vereinbart worden, der als Beamter im Auslandsdienst der USA für die Arabische Halbinsel zuständig war. Da dieser jedoch kurz vor unserer Ankunft ins Krankenhaus musste, nahm François Dickman, der innerhalb des Außenministeriums die Abteilung für Angelegenheiten der Arabischen Halbinsel leitete, seine Stelle ein. Dickman wurde später der zweite US-Botschafter in den Vereinigten Arabischen Emiraten.

Quincey Lumsden lernte ich erst Jahre später kennen, als er zum vierten US-Botschafter in den VAE ernannt wurde. Zwischen ihm und mir sowie zwischen seiner Frau und der meinen entwickelte sich eine Freundschaft, die bis zum heutigen Tag Bestand hat.

Gleich nach unserer Ankunft in Washington suchte mich James Akins auf, ein Beamter des Außenministeriums, der bald darauf, im September 1973, für drei Jahre die Position des US-Botschafters im Königreich Saudi-Arabien übernahm. Während dieser Zeit wurden wir Freunde und blieben es viele Jahre lang. Er war ein engagierter Unterstützer der arabischen Sache und gründete eine Organisation namens »If Americans Knew« (»Wenn die Amerikaner wüssten«), die sich für arabische Belange stark machte. Diese Organisation bildete ein Gegengewicht zur pro-israelischen Lobbyorganisation »American Israel Public Affairs

Committee« (AIPAC), die sowohl anti-palästinensisch als auch anti-arabisch einzustufen ist.

Am frühen Dienstagvormittag besuchte ich das Außenministerium und traf mit Alfred Atherton zusammen, dem Staatssekretär des US-Außenministeriums, Abteilung Nahost und Südostasien. Atherton bekleidete 1979–1983 den Posten des amerikanischen Botschafters in Ägypten und war Mitglied des US-amerikanischen Verhandlungsteams, das im Rahmen des Camp-David-Abkommens den Israelisch-Ägyptischen-Friedensvertrag von 1979 aushandelte. Und ich sah ihn auf der Tribüne unweit des ägyptischen Präsidenten Sadat stehen, als jener Opfer eines Attentats wurde.

Um 11 Uhr war ein Treffen mit Hal Saunders anberaumt, der als Verbindungsmann zwischen dem Weißen Haus und der Nahost-Abteilung des Außenministeriums fungierte. Später gehörte er zu jenen, die zusammen mit Henry Kissinger den Entwurf des Camp-David-Abkommens ausarbeiteten.

Mittags waren wir mit Rodger Davies zum Lunch verabredet. Er wurde 1974 zum US-Botschafter in Zypern ernannt, kam dort aber bei Demonstrationen vor der amerikanischen Botschaft durch einen Heckenschützen ums Leben.

Auch am Mittwoch, dem 13. Juni 1973 führte mein Weg ins Außenministerium; dieses Mal hatte mich der stellvertretende Außenminister Kenneth Rush zu sich gebeten. Bei dem für 16 Uhr vereinbarten Treffen konnte ich meine Sicht auf die arabische Sache darlegen, die Vorteile freundschaftlicher Beziehungen zu Arabien unterstreichen und die Möglichkeit einer neutralen Haltung aufzeigen, die nicht auf anti-arabischen Vorurteilen basierte.

Am Abend davor hatte mich Shaikh Salem Sabah al-Salem, der kuwaitische Botschafter in Washington, zu einem Bankett eingeladen, bei dem neben zahlreichen arabischen und nicht-arabischen Botschaftern auch amerikanische Funktionäre anwesend waren.

Der Vormittag dieses 13. Juni war für eine Führung durch das Weiße Haus reserviert. Dabei besuchten wir den Bereich, der für Besucher geöffnet ist, sobald die Bewohner und das Personal die Räume verlassen haben. Alles wirkte sehr schlicht, es gab nichts Interessantes zu sehen. Um 11 Uhr war ich wieder in meinem Domizil, wo ich den Botschafter von Qatar in den USA, Seine Exzellenz 'Abdullah Saleh al-Mani', empfing.

Am gleichen Tag erhielt ich eine Einladung zum Mittagsbankett im Hause des iranischen Botschafters in den USA, Ardeshir Zahedi. Es war ein prächtiges Haus: Edle Teppiche und erlesene Gemälde schmückten die Räume, und es war offensichtlich, dass hier ein Vermögen für die Einrichtung ausgegeben worden war. Das war nicht verwunderlich, denn immerhin war Zahedi durch seine Heirat mit Ashraf, der Schwester des Schahs, der Schwager des mächtigsten Mannes im Iran.

Während die anderen Gäste ihren Tee tranken, führte mich der iranische Botschafter durch sein Haus. Im Verlauf dieses Rundgangs kam es allerdings zu einem peinlichen Zwischenfall. Er lud mich ein, einen Blick in seine Gemächer zu werfen. Dabei handelte es sich um einen runden Raum mit hoher, kuppelförmiger Decke, die, wie auch die Wände, über und über mit islamischen Schnitzereien verziert war. Zuerst dachte ich, dies sei der Ort, an dem er betete, wurde aber gleich darauf eines Besseren belehrt, als er mir seine Sammlung von Trinkgläsern vorführte. »Das ist das erste Gläser-Set«, sagte er und zeigte mir

41

eines aus einer Reihe von Gläsern, auf denen eine Frau im traditionellen iranischen Gewand, jedoch ohne Gesichtsschleier abgebildet war. Er fügte hinzu: »Aus diesen Gläsern trinken wir bei unseren Zechgelagen die erste Runde Alkohol. Dann gehen wir zum zweiten Set über.«

Mit diesen Worten holte er ein anderes Glas aus einer weiteren Reihe hervor. Es zeigte eine Frau in traditionellen iranischen Gewändern, jedoch mit entblößten Brüsten. »Sobald uns der Alkohol so richtig zu Kopf steigt, ist das dritte Set an der Reihe«, fuhr er fort und nahm ein Glas, auf dem eine nackte Frau zu sehen war. Dann setzte der iranische Botschafter an: »Und jetzt kommen wir zum vierten Gläser-Set ...«, doch als er sich zu mir umwandte, hatte ich den Raum bereits verlassen. Ich ließ ihn und seine Trinkgläser stehen und eilte zu meinem Wagen, der mich zu meinem Domizil brachte.

Am Nachmittag desselben Tages besuchte mich Seine Exzellenz Ibrahim al-Suwwail, Botschafter von Saudi-Arabien.

Danach war ich noch zu einer Begrüßungsfeier geladen, die von Northcutt Ely veranstaltet wurde und wo ich eine kurze Rede halten sollte. Doch kurz bevor ich das Wort ergreifen wollte, fragte mich die Frau des Gastgebers, Marika Ely, die neben mir saß: »Woran erkennt man, ob jemand, der ein traditionelles arabisches Gewand trägt, den man aber nur von hinten sieht, ein Araber ist?« Bevor ich antworten konnte, war ich mit meiner Rede an der Reihe. Also sagte ich nach einigen Worten der Begrüßung: »Vorhin, auf dem Weg zum Podium, stellte mir Marika Ely die Frage, woran man einen Araber im traditionellen arabischen Gewand als solchen erkennen könne, wenn er einem den Rücken zuwendet. Dazu kann ich nur sagen: Marika, man kann erst sagen, dass jemand ein Araber ist, wenn man ihm ins Gesicht geblickt hat.«

Am nächsten Tag, Donnerstag, dem 14. Juni, ging es nach Washington, D.C., wo ich mit Kongressmitgliedern verabredet war. Der kalifornische Senator John Tunney empfing mich im Sitzungssaal Vandenberg, wo ich vor 40 Kongressabgeordneten eine Rede hielt. Ich betonte, dass es eine große Ehre für mich sei, heute an diesem ehrwürdigen Ort in diesem großartigen Land zu ihnen zu sprechen, und fügte hinzu: »Ich möchte Ihnen etwas über die Araber erzählen. Der Araber ist wirklich ein Mensch wie jeder andere; er hat keine zusätzlichen Arme oder Beine, und er hat auch keinen Schweif. Er ist ein Mensch wie Sie, mit einem Unterschied: Sein Verstand wird von seinem Herzen geleitet. Behandeln Sie ihn also, wie Sie jeden anderen behandeln würden.« Dann sprach ich über die arabische Welt und ihr Wirtschaftspotenzial. Nach dem Mittagessen verabschiedete ich mich und machte mich auf den Weg zum Flughafen, um nach New York weiterzureisen.

Tags darauf, am 15. Juni, gab ich der *New York Times* ein Interview. Danach fuhr ich zur New Yorker Börse, wo ich die Bekanntschaft des Ägypters al-Shahawi machte, der dort arbeitete. Er erzählte mir, wie er von Ägypten nach New York gekommen war und wie es ihm seither ergangen war: »Zuerst arbeitete ich als Straßenfeger, Reinigungskraft und Laufbursche, dann wurde ich ein kleiner Broker, bis ich schließlich meine erste Million verdient hatte.« Er bestand darauf, dass ich ihn in seinem Haus besuchte. Obwohl ich eigentlich nur wenig Zeit hatte, nahm ich seine Einladung an und fuhr am Nachmittag zu ihm. Sein Haus lag außerhalb von New York City im Grünen und war ein richtiggehender Palast.

Nach der Besichtigung der New Yorker Börse trafen wir uns auf Einladung von General Lucius D. Clay, einem der Geschäftsführer der Investitionsbank Lehman Brothers, an der Wall Street zum Mittagessen. Lucius D. Clay war ein berühmter Mann. Vom jüngsten General der amerikanischen Streitkräfte 1942 stieg er innerhalb weniger Jahre zum Stellvertreter Eisenhowers auf und spielte später als Militärgouverneur der US-amerikanischen Besatzungszone in Deutschland eine bedeutende Rolle.

Im Laufe unseres Gesprächs erwähnte der General, dass er Sharjah von einem Besuch beim dortigen amerikanischen Truppenübungsplatz kannte. »Als wir damals die Erlaubnis zur Landung der Truppen in Sharjah erbaten, lehnte der Shaikh unser Ersuchen ab«, erinnerte er sich. »Ich weiß nicht, ob das Ihr Vater oder Ihr Onkel war. Aber die Truppen sind schließlich trotzdem gelandet.«

»Das war mein Vater, im Jahre 1944«, sagte ich. Dann fragte ich ihn: »Wissen Sie noch, wie Sie damals mit dem Shaikh in einem Amphibienfahrzeug aufs Meer hinausgefahren sind?«

»Oh ja, daran erinnere ich mich«, erwiderte er.

»Und erinnern Sie sich auch noch an den kleinen Jungen, der zwischen Ihnen und dem Shaikh saß?«

»Wie könnte ich den jemals vergessen? Er musste sich übergeben, und alles landete auf meiner Uniform, sodass ich den Rest des Ausflugs absagen musste.«

»Dieser kleine Junge ist dieselbe Person, die gerade vor Ihnen sitzt.«

»Sie?« rief er überrascht aus.

»Ja, ich.«

»Wie klein doch die Welt ist!«, stellte er fest.[9]

Am Abend desselben Tages besuchten wir den Hauptsitz der Vereinten Nationen und trafen den damaligen UN-Generalsekretär Dr. Kurt Waldheim. Der uns begleitende UN-Botschafter der Vereinigten Arabischen Emirate, Seine Exzellenz Dr. ʿAli bin Muhammad Humaidan, hatte am Abend ein Bankett zu unseren Ehren arrangiert, zu dem zahlreiche UN-Botschafter geladen waren.

Am nächsten Morgen, einem Samstag, flogen wir nach Texas. Um 13 Uhr kamen wir in Houston an. In Sachen Hitze und Humidität unterschied es sich wenig von Sharjah, trotzdem wirkte es sehr grün, und überall wuchsen hohe Bäume.

Am Abend veranstaltete die Crescent Oil Company, ein Unternehmen der Firmengruppe Buttes Gas & Oil, ein Festessen, zu dem etwa 400 Führungskräfte örtlicher Mineralölunternehmen geladen waren. Immerhin hatten die meisten US-amerikanischen Erdölgesellschaften ihren Hauptsitz in Houston. Ich stand am Eingang zum Saal und begrüßte die Gäste, die durchweg groß und breitschultrig waren, mit Händen so groß wie Kamelfüße. Sie ergriffen meine Hand und schüttelten sie, als würden sie wetteifern, wem es zuerst gelänge, mir die Schulter auszurenken. Jene, die es ruhiger angehen ließen, schwenkten meine Hand nur ausgiebig nach rechts und links.

Als ich meinen Platz auf dem Podium einnahm, stellte ich mich vor: »Ich bin Araber und Muslim und im Heiligen Qurʾan befahl mir mein Gott zu sagen, ›Ich glaube an Allah, an Seine Bücher und Seine Propheten.‹ Wir machen keinen Unterschied

---

9 Siehe al-Qasimi, *Meine frühen Lebensjahre*, 2011, S. 13/14.

zwischen all Seinen Propheten und vor Ihm allein verneigen wir uns, denn wir sind seine *muslimoon* [jene, die sich zum Islam bekennen].«

Als der Abend sich seinem Ende zuneigte, stand ich, um die Gäste zu verabschieden, wieder am Eingang, jedoch mit einem entscheidenden Unterschied: Dieses Mal hatte ich beide Hände hinter meinem Rücken verschränkt und nickte den Gästen beim Hinausgehen zu. Sie nahmen es hin, wahrscheinlich in der Annahme, dies sei die typisch arabische Art, Lebewohl zu sagen.

Am darauffolgenden Sonntag, dem 17. Juni besuchten wir Douglas Marshall, den Gründer der Amerikanischen Vereinigung der Araberpferdezüchter, auf seinem Gestüt. Er führte uns die Qualitäten seines Araberhengstes Morafic vor, den er vom ägyptischen Gestüt El Zahraa erworben hatte. Es war das schönste Pferd seiner Zeit, und die besten Pferde, die in seinem Besitz waren, stammten allesamt von diesem herausragenden Hengst ab. Ich kannte Douglas bereits aus Sharjah, da er damals die Lizenz zum Kupferabbau in Kalbaa besaß.

Nach einem Gespräch und anschließendem Mittagessen mit Dr. Atef Jamal al-Deen, dem Direktor der Arabisch-Amerikanischen Handelskammer in Houston, fuhren wir zum Astrodome, einem überdachten und vollklimatisierten Stadion, um uns ein Baseball-Spiel anzusehen. Während des Spiels zeigte ein riesiger Bildschirm nicht nur den Punktestand, sondern auch diverse Bekanntmachungen und Werbeeinblendungen. Eine der Mitteilungen lautete: »Wir begrüßen Seine Hoheit Shaikh Sultan bin Muhammad al-Qasimi, Herrscher von Sharjah, als Gast der Buttes Gas & Oil Company, die kürzlich in Sharjah wirtschaftlich interessante Mengen von Erdöl entdeckt hat.«

Dieser Text erschien mehrmals auf dem Bildschirm, sodass ich zu Buttes-Geschäftsführer John Boreta sagte: »Das erinnert mich an eine englische Anekdote über einen Geizkragen, der nach dem Tod einer Freundin eine Todesanzeige aufgeben wollte, die aus einer Zeile bestand: *Im Gedenken an Michelle – Jo.* Bei der Zeitung gab man ihm zu verstehen, dass das vielleicht nicht ausreiche und schlug vor, sein Text solle die ganze Zeile ausfüllen. Also sagte der Geizhals: ›Schreiben Sie *Im Gedenken an Michelle – Jo, der Radios repariert und unter folgender Adresse zu finden ist …*‹« Und ich fügte hinzu: »Reicht es denn nicht, dass die Aktien Ihres Unternehmens in die Höhe geschossen sind, seitdem wir in Houston angekommen sind?«

Boreta erwiderte: »Morgen wird in den Zeitungen stehen: *Buttes-Gäste verlassen heute Houston*, und übermorgen schreiben wir: *Buttes-Gäste gestern abgereist*. Sie werden sehen, unsere Aktien werden noch höher klettern.«

An jenem Abend veranstalteten Buttes & Partner zu unseren Ehren ein Galadiner in dem Hotel, in dem wir untergebracht waren. Als ich mich von meinen Gastgebern verabschiedete, kam ein junger Mann auf mich zu und sagte etwas zu mir mit einem starken texanischen Akzent. Ich verstand kaum ein Wort von dem, was er mir erzählte, nickte ihm aber immer wieder freundlich zu.

Am Morgen danach – es war Montag, der 18. Juni – rief mich unser Verantwortlicher für das Programm in Houston an und wollte, dass ich sofort in die Hotellobby herunterkäme. Ich entgegnete, dass uns vor unserem Ausflug zur NASA noch jede Menge Zeit bliebe. Daraufhin er: »Es geht nicht um die NASA, sondern um die Pressekonferenz, um die Sie gestern Abend gebeten haben.«

»Habe ich das?«, fragte ich verwundert.

»Hotellobby und Konferenzraum sind voller Journalisten und Korrespondenten von Presseagenturen«, klärte er mich auf.

»Ich komme sofort runter«, gab ich zurück. Ich kämpfte mich durch die Menschenmenge, während von allen Seiten Kamerablitze auf mich niedergingen, und nahm meinen Platz im Konferenzraum ein. Ich begrüßte die Anwesenden, sah in ihre Gesichter, und sofort brach ein Sturm von Fragen auf mich los. Erklärend fügte ich hinzu: »Wirklich bestellt habe ich diese Pressekonferenz eigentlich nicht. Es gab da ein Missverständnis. Gestern Abend sprach mich ein junger Mann an, der sich anhörte, als würde er mit der Zunge eine kleine Kartoffel in seinem Mund herumrollen. Ich verstand ihn nicht, nickte – und jetzt sitze ich hier in dieser Pressekonferenz.« Ich beantwortete all ihre Fragen und eilte danach zu meinem Termin bei der NASA, wo es viel für uns zu sehen gab.

Danach ging es an den Flughafen. Als nächste Station meiner Reise stand Tucson, Arizona auf dem Plan. Erneut bewahrte mich das Kopfnicken vor weiteren Schulterschmerzen, und wieder hatte jemand eine Pressekonferenz einberufen, von der ich keine Ahnung hatte.

Am Abend dieses 18. Juni erreichten wir Tucson. Die Stadt erinnerte mich stark an die Gegend um Dhaid in Sharjah, mit ihren Palmen, Granatapfelbäumen und Hennasträuchern und der flachen Ebene, die sich bis zu den Bergen erstreckte.

Nach dem Abendessen, zu dem die University of Arizona geladen hatte, fuhren wir zurück ins Hotel, einem eingeschossigen Gebäudekomplex mit Wänden aus Lehmziegeln, die genauso aussahen wie jene, die man in der Gegend um Dhaid findet. Von meinem Zimmer aus blickte ich auf einen kleinen Innenhof, in dem, unweit meines Fensters, ein blühender Hennastrauch stand. Seine Zweige bewegten sich sacht hin und her und eine wunderbar kühle Brise wehte seinen köstlichen Duft in mein Zimmer, als wollte er mich begrüßen.

Am nächsten Morgen besuchten wir das Labor für Umweltforschung, wo wir von Dr. Carl Hegges empfangen wurden. Ich hatte ihn bereits zwei Jahre zuvor in Sharjah kennengelernt, als er mir vorschlug, an das Landwirtschaftliche Institut der Universität von Arizona zu kommen, um dort den nächsthöheren Studienabschluss zu erwerben.[10]

Dr. Hegges führte mich durch das Forschungszentrum, stellte mich den dortigen Wissenschaftlern vor und bat jeden um eine kurze Darstellung seiner Forschungsarbeit. Einer der Forscher, ein Amerikaner, erklärte, er beschäftige sich mit dem Fettblattbaum (*Calotropis procera*). Da diese Pflanzenart in den Emiraten wächst, fragte ich erstaunt: »Und woher haben Sie die Pflanze?«

»Ich habe die Samen auf dem Terrain hinter Ihrem Palast in Sharjah eingesammelt«, antwortete er.

Und Dr. Hegges fügte hinzu: »Wenn Sie damals auf mich gehört hätten, hätten Sie hier forschen können.« Da erinnerte ich mich an den Tag, an dem ich meinen verstorbenen Bruder, Shaikh Khalid bin Muhammad al-Qasimi, Herrscher von Sharjah, gebeten hatte, mir zu erlauben, mich vom Ministeramt zurückzuziehen, damit ich in die USA an die Universität von Arizona gehen könne.

---

[10] Siehe al-Qasimi, *Meine frühen Lebensjahre*, 2011, S. 298.

Nach Tucson stand Los Angeles auf dem Programm, und unsere Reise endete am Flughafen von San Francisco, von wo aus wir am Mittwoch, dem 27. Juni 1973 nach London flogen.

Zu Besuch in London

Wir kamen am 28. Juni 1973 in London an und wurden von einem Beamten des britischen Außenministeriums am Flughafen empfangen. Ein Treffen mit Lord Balniel stand auf dem Plan, Staatsminister des Verteidigungsministeriums und späterer Staatsminister des Außenministeriums. Meine Vita lag ihm bereits vor, sodass er unter anderem Folgendes über mich wusste:

Shaikh Sultan bin Muhammad al-Qasimi, Herrscher des Emirats Sharjah:

- *Geboren 1939 in Sharjah, wo er auch zur Schule ging; arbeitete als Lehrer an der Berufsschule von Sharjah; studierte danach fünf Jahre lang Landwirtschaft an der Universität von Kairo.*
- *Nach seiner Rückkehr nach Sharjah unterstützte er seinen Bruder, Shaikh Khalid.*
- *Im Dezember 1971 wurde er zum Bildungsminister der Föderation ernannt.*
- *Nach der Ermordung von Shaikh Khalid wurde Shaikh Sultan von der Herrscherfamilie einstimmig zum neuen Herrscher von Sharjah erwählt.*
- *Hat gemäßigte Ansichten in den Bereichen Religion und Politik; keine extremistischen Wesenszüge erkennbar; gilt als gemäßigter Nationalist.*

– Er hat ein gutes Verhältnis zur britischen Botschaft und
– spricht gut Arabisch sowie Englisch.

Lord Balniel besuchte mich wie geplant am Morgen des 29. Juni 1973 in meinem Hotel. Eigentlich hatte die Botschaft der VAE in London den Termin verschieben wollen: An jenem Tag waren sowohl Botschafter Mahdi al-Tajer als auch ʿAhmad al-Ubaidali nicht zugegen, weil sie Shaikh Khalifah bin Zayid Al Nahyan und Shaikh Muhammad bin Rashid al-Maktum zum Sandhurst College begleiten wollten, und Mahdi al-Tajer wollte nicht, dass unser Treffen mit Lord Balniel in seiner Abwesenheit stattfand.

Doch ʿAhmad al-Ubaidali musste seinen Besuch in Sandhurst absagen und konnte dadurch dem Treffen zwischen Lord Balniel und mir beiwohnen. Das Gespräch verlief insgesamt zufriedenstellend. Unbehaglich fühlte ich mich nur, als Lord Balniel fragte: »Wie ist Ihr Verhältnis zu Abu Dhabi?«, und unterschwellig andeutete, das Verhältnis sei möglicherweise nicht gut. Auch al-Ubaidali schien die Frage unangenehm zu sein.

»Wenn es irgendetwas gibt, bei dem wir helfen können, ist die Regierung Ihrer Majestät gerne bereit, Sharjah zu unterstützen«, fuhr Balniel fort. Er betonte, dass die britische Regierung mir zu Diensten sein wolle und ich die Botschaft der Vereinigten Arabischen Emirate in London unbedingt davon in Kenntnis setzen solle, wenn ich etwas benötigte. Daraufhin ging ich auf die alten Bande ein, die zwischen Sharjah und Großbritannien bestanden, erwähnte die Präsenz der britischen Streitkräfte in Sharjah und erzählte von den zahlreichen britischen Bürgern, die Sharjah kannten und schätzten. All das, sagte ich zu ihm, stelle für mich bereits eine große Hilfe dar, sodass ich mit Briten verhandeln könne, ohne die Botschaft bemühen zu müssen. Augenblicklich stellte 'Ahmad al-Ubaidali fest, dass es besser wäre, wenn ich alles Nötige über das Außenministerium in Abu Dhabi erledigen würde und nicht nach der alten Vorgehensweise, woraufhin ich erwiderte, dass die Botschaft der VAE zu dieser Jahreszeit stets vollauf mit ihren Besuchern beschäftigt war.

An jenem Mittag veranstaltete der Parlamentsabgeordnete Peter Tapsell in London ein Bankett für mich. Ich setzte ihn davon in Kenntnis, dass Großbritannien Sharjah gegenüber nicht immer so kooperativ gewesen war, wie es wünschenswert gewesen wäre, und verwies auf die Tatsache, dass die früheren direkten Gespräche zwischen den beiden Parteien ins Stocken geraten und nie wieder aufgenommen worden waren. Ich machte deutlich, dass solche direkten Gespräche, ohne die Einschaltung einer dritten Partei, viel schneller zu den gewünschten Ergebnissen führen würden.

Ägypten: Ein Treffen mit Sadat

Nachdem ich zwei Wochen in London verbracht hatte, fiel die Entscheidung, von dort aus nach Ägypten zu fliegen und die offizielle Einladung anzunehmen, die der ägyptische Präsident Anwar as-Sadat mir gegenüber ausgesprochen hatte. Der Besuch sollte fünf Tage dauern. Am Abend des 30. Juni 1973 (einem Samstag) landeten wir in Kairo. Am Flughafen wurden wir vom Vize-Premierminister Dr. Muhammad 'Abdul-Qader Hatim und weiteren ägyptischen Würdenträgern begrüßt. Angeführt wurde das Empfangskomitee vom Minister für Al-Azhar-Angelegenheiten Shaikh 'Abdul-'Aziz Isa.

Am nächsten Morgen, dem 1. Juli 1973, empfing uns Dr. Muhammad 'Abdul-Qader Hatim in seinem Büro. Es waren auch einige ägyptische Intellektuelle anwesend, darunter die beiden prominenten Schriftsteller Tawfiq al-Hakim und Yusif Idris. Wir unterhielten uns über die kulturellen Entwicklungen in den ländlichen Gegenden.

Tags darauf stand ein Besuch der Landwirtschaftlichen Fakultät der Universität von Kairo an, einschließlich eines Treffens mit den Professoren, bei denen ich vor weniger als zwei Jahren studiert hatte.

Im Dekanat wartete bereits eine ganze Schar von Dozenten der Landwirtschaftlichen Fakultät. Ich schüttelte jedem von ihnen die Hand, bis ich vor Dr. Sharaf al-Din stand, dem Professor der Abteilung für Nutztierwissenschaften, bei dem ich einige Kurse belegt hatte. Er pflegte damals bei jeder Unterrichtseinheit die Anwesenheitsliste zu kontrollieren, und wenn ich an der Reihe war, machte er sich immer über meinen Namen lustig: »Sultan Muhammad Saqr al-Qasimi. Sultan von was? Warum suchen Sie sich nicht einen anderen Namen aus? Er gefällt mir nicht.« Mehrmals sprach er mich mit »Muhammad Saqr al-Qasimi« an, aber ich reagierte nicht darauf. Wenn er dann fragte: »Wo ist er? Ist er nicht da?«, entgegnete ich: »Mein Name ist Sultan … Sultan … S u l t a n.«

Woraufhin er erwiderte: »Das reicht … ich weiß Bescheid.«

Aber heute standen die Dinge anders. Ich war mit einer Wagenkolonne einschließlich Motorradeskorte und Sirengeheul eingetroffen, und die Ehrengarde hatte für freie Fahrt gesorgt. Ich ergriff die Hand von Dr. Sharaf al-Din und sagte: »Gefällt Ihnen mein Name jetzt?«

»Das wissen Sie noch?«, fragte er schmunzelnd.

Am Dienstag, dem 3. Juli 1973 traf ich mich morgens mit Dr. Muhammad Hafiz Ghanem, dem Generalsekretär des Zentralkomitees der Arabisch-Sozialistischen Union, im Hauptsitz der Union in Kairo. Wir sprachen über die großen Erfolge, die unter Präsident Nasser erreicht worden waren. Am Abend besuchte mich der Generalsekretär der Arabischen Liga, Mahmoud Riyadh, in meinem Hotel. Mittwochvormittag stattete ich dem Grand Imam von Al-Azhar, Shaikh Dr. 'Abdul-Halim Mahmud, in der Azhar-Bibliothek einen Besuch ab. Außerdem überreichte ich eine Spende für den Bau der Al-Nour-Moschee in Kairo, einem Projekt, das der Großscheich persönlich betreute. Abends traf ich mit Anwar as-Sadat zusammen, dem Präsidenten der Arabischen Republik Ägypten.

Donnerstagvormittag fuhren wir nach Suez, das wie ausgestorben wirkte. Der Stabschef, General al-Shazli, begleitete uns. An dem vor uns liegenden Frontabschnitt waren ein paar Posten der ägyptischen Streitkräfte zu sehen. Wir blickten auch zur israelischen Seite hinüber, zu den Befestigungsanlagen der Bar-Lew-Linie. Danach fand ein Treffen mit ägyptischen Offizieren und Soldaten statt. Ich lobte ihren Kampfgeist und versicherte ihnen, dass ich fest daran glaubte, dass sie aus dem bevorstehenden Krieg siegreich hervorgehen würden. Im Anschluss führte uns der Gouverneur von Suez, Muhammad Badawi al-Khuli, durch die Stadt, um uns die durch den israelischen Angriff verursachten Schäden zu zeigen.

Vor dem Büro des Gouverneurs wartete eine große Menschenmenge, bestehend aus den letzten verbliebenen Bewohnern von Suez. Unter ihnen war auch Shaikh Hafiz Salama samt kleinem

Gefolge, der versuchte, zu mir durchzudringen, um mich zu begrüßen. Als ich seiner gewahr wurde, eilte ich ihm entgegen und schüttelte ihm die Hand, denn ich kannte ihn bereits: Vor wenigen Wochen hatte er mich zusammen mit einem meiner Freunde, Shaikh Jasim bin Darwish, in Sharjah aufgesucht, um Spenden für den Bau der Kairoer Al-Nour-Moschee zu sammeln.

Der Krieg brach sechs Monate später aus, am 6. Oktober 1973, und obwohl die ägyptischen Streitkräfte anfangs erfolgreich waren, wurde Suez von israelischen Truppen besetzt, denen es gelungen war, über Defrswar auf ägyptisches Territorium vorzudringen. Shaikh Hafiz Salama wurde zum Symbol für Tapferkeit und Gegenwehr. Die israelischen Truppen forderten Muhammad Badawi al-Khuli, den Gouverneur von Suez, auf, ihnen Suez zu übergeben.

Nach Beratungen mit Kairo kam man überein zu kapitulieren. Der Zugang zu Suez bestand aus einer einzigen Straße, die durch den Bezirk Arba'een führte. Die Gebäude auf beiden Straßenseiten waren verlassen. Als aber die israelischen Panzer auf dieser Straße vorrückten, wurden der erste und der letzte Panzer in der Reihe mit Raketen und Granaten beschossen, mit dem Ergebnis, dass am Ende alle Panzer zerstört waren. Shaikh Hafiz Salama hatte die Operation geleitet. In ihren Memoiren erinnerte sich die damalige israelische Premierministerin Golda Meir mit Schrecken an diese Szene, in der ihre Soldaten vor Angst nach ihren Müttern schrien.

Ein Missverständnis

Es dauerte nicht lange, bis sich herausstellte, dass der Besuch des Generalsekretärs der Arabischen Liga, Mahmoud Riyadh, in meinem Domizil in Kairo am 3. Juli 1973 im Nachhinein für einige Verwicklungen gesorgt hatte. Nach unserer Unterredung traf sich Mahmoud Riyadh sowohl mit dem iranischen Außenminister Khalatbary als auch mit Präsident Anwar as-Sadat. Daraufhin suchte Khalatbary Mahmoud Riyadh in seinem Büro im Gebäude der Arabischen Liga auf und setzte ihn davon in Kenntnis, dass der Iran nicht vorhabe, seine territorialen Ansprüche in der Golfregion auszuweiten.

Khalatbary teilte außerdem dem britischen Außenministerium mit, dass er von der Arabischen Liga erfahren habe, ich, Shaikh Sultan von Sharjah, hätte kürzlich das Problem der Inseln sowie der Einkünfte aus den Ölquellen in den sie umgebenden Territorialgewässern aufgeworfen.

Die Briten beunruhigte diese Neuigkeit, da sie nicht sicher waren, was nun aus der Vereinbarung werden würde, die Sharjah und der Iran diesbezüglich geschlossen hatten. Dabei kam niemand auf die Idee, sich zunächst einmal bei mir nach dem Wahrheitsgehalt dieser Information zu erkundigen!

Dann stattete mir aber doch Seine Exzellenz der Botschafter des Iran in London, Afshar, einen Besuch ab und wollte wissen, wie ich zu dem stand, was Mahmoud Riyadh dem iranischen Außenminister mitgeteilt hatte. Ich widersprach der Version, die in Umlauf gebracht worden war, und stellte klar, was sich in Wirklichkeit zugetragen hatte: Mahmoud Riyadh hatte mich in Kairo besucht und mich darüber informiert, dass gewisse arabi-

sche Staaten anstrebten, das Problem der Inseln aggressiver anzu-
gehen. Er schlug eine Vereinbarung vor, in der die Araber zugunsten des Iran auf beide Tunb-Inseln (im östlichen Teil des
Persischen Golfs) verzichten und im Gegenzug der Iran die
arabische Autorität und Souveränität über Abu Musa anerken-
nen sollte. Am 26. Oktober 1973 schrieb Sir Anthony Parsons,
Staatssekretär des britischen Außenministeriums, nach einem
Treffen mit dem iranischen Botschafter Afshar in London an den
Leiter der Nahost-Abteilung im britischen Außenministerium,
Patrick Wright: »Seine Exzellenz der Botschafter des Iran, schien
von dieser Erklärung überzeugt und damit zufrieden. Er war mit
mir der Meinung, dass dies typisch arabisch sei. Ich sagte ihm,
unsere lokalen Mittelsmänner am Golf würden sich zurückhal-
ten, und damit war er einverstanden.«

Später kam heraus, dass Khalatbary seinen Bericht öffentlich
gemacht hatte, weil die Iraner eine verzerrte und unwahre Version der Geschichte verbreitet hatten. Sie hatten die Ereignisse
missverstanden. Anthony Parsons fügte in seiner Nachricht an
Wright noch hinzu: »Afshar erklärte, er habe gedacht, dieser
Charakterzug sei typisch arabisch. Für mich ist dieses Durch-
einander der Beweis, dass sowohl Araber als auch Iraner perma-
nent Dinge missverstehen.«

Arabisches Öl ist nicht kostbarer als arabisches Blut

Kaum war ich am 7. Juli 1973 aus Kairo zurückgekehrt, begann-
nen auch schon die Vorbereitungen für die Einberufung des
Obersten Rates der Föderation.

Die Sitzung war für Samstag, den 21. Juli 1973 im al-Manhal-

Palast in Abu Dhabi anberaumt. Premierminister Shaikh Maktum bin Rashid al-Maktum hatte einen Bericht vorgelegt, der über die Erfolge der Regierung informierte. Der Bericht umriss aber auch die Schwierigkeiten, mit denen die Minister bei der korrekten Ausübung ihrer Pflichten konfrontiert waren. Dieses Thema sollte vom Obersten Rat besprochen werden. Doch ein Zwischenfall unterbrach die Sitzung und erzwang eine Vertagung: Ein japanisches Flugzeug war entführt worden und am Flughafen von Dubai gelandet. Seine Hoheit der Präsident Shaikh Zayid bin Sultan Al Nahyan, Seine Hoheit der Vizepräsident Shaikh Rashid bin Sa'id al-Maktum und Seine Hoheit der Premierminister Shaikh Maktum bin Rashid al-Maktum eilten zum Flughafen, um die Situation persönlich in Augenschein zu nehmen, über die der Verteidigungsminister Shaikh Muhammad bin Rashid al-Maktum wachte.

Das Flugzeug stand 70 Stunden lang am Flughafen von Dubai, um dann, nachdem die Entführer zwei japanische Geiseln – einen Mann und eine Frau – freigelassen hatten, wieder abzuheben, an Bord 140 Passagiere unterschiedlicher Nationalitäten. Die Maschine flog über Qatar, Bahrain und Basra zurück nach Kuwait, von da nach Bagdad und schließlich nach Syrien, wo sie am Flughafen von Damaskus landete. Das Flugzeug wurde betankt und startete erneut, diesmal in Richtung Bengasi in Libyen, wo es von den Entführern gesprengt wurde, sowie alle Insassen von Bord gegangen waren. Am Flughafen stoben die Menschen voller Panik in alle Richtungen auseinander.

Am 22. Juli 1973 kam der Oberste Rat dann erneut im al-Manhal-Palast zusammen. Ein Ergebnis der Sitzung war die Bildung eines Ausschusses, der unter meiner Leitung weiter an der Erfolgsgeschichte unseres vereinten Staatengebildes schreiben sollte.

Ein paar Monate später, im Oktober desselben Jahres, bejubelte die arabische Welt den Sieg der ägyptischen Streitkräfte und deren erfolgreiches Überschreiten der Bar-Lew-Linie im Krieg gegen Israel. Angesichts der zunehmenden Feindseligkeiten an der Kriegsfront machte Präsident Shaikh Zayid bin Sultan Al Nahyan Ankündigungen, die die gesamte arabische Welt noch mehr in Begeisterung versetzten. Am 18. Oktober 1973 verhängte er ein Ölembargo gegen jene Länder, die Israel unterstützten. Zwei Tage später kündigte auch Saudi-Arabien ein Ölembargo an – auf Befehl von König Faisal bin 'Abdul-'Aziz al-Sa'ud.

Diese Ereignisse und die Entscheidung, das Embargo tatsächlich in die Tat umzusetzen, gaben Anlass zu der berühmten Äußerung, die Shaikh Zayid bin Sultan Al Nahyan während einer Pressekonferenz am 11. November 1973 machte: »Arabisches Öl ist nicht kostbarer als arabisches Blut.«

Ein Treffen des Obersten Rates der Vereinigten Arabischen Emirate anlässlich des Beitritts des Emirats Ra's al-Khaimah zur Föderation im Februar 1972.

Seine Hoheit Shaikh Zayid bin Sultan Al Nahyan besucht den Bezirk Dhaid im Emirat Sharjah, Freitag, 14. April 1972.

Seine Hoheit Shaikh Sultan bin Muhammad al-Qasimi mit der Ehrenschärpe, die ihm vom sudanesischen Präsidenten Ja'far Muhammad Numairi verliehen wurde.

Die erste Flamme, die aus dem Mubarak-Ölfeld aufsteigt, markiert im Juli 1974 den Beginn der Ölförderung in den Emiraten.

Seine Hoheit
Shaikh Sultan
bin Muhammad
al-Qasimi im
Gespräch mit
James Akins vom
US-amerikanischen
Außenministerium
im Juni 1973
in Washington,
D. C.

Seine Hoheit
Shaikh Sultan
bin Muhammad
al-Qasimi zu
Besuch bei UN-
Generalsekretär
Kurt Waldheim
in New York,
Juni 1973.

Besuch Seiner
Hoheit Shaikh
Sultan bin
Muhammad
al-Qasimi im
Institut für
Umweltforschung
der Universität
Arizona, Juni 1973.

Seine Hoheit
Shaikh Sultan
bin Muhammad
al-Qasimi im
Gespräch mit dem
Generalsekretär der
Arabischen Liga,
Mahmoud Riyadh,
im Juli 1973.

Seine Hoheit
Shaikh Sultan
bin Muhammad
al-Qasimi, in
Militäruniform,
betrachtet
durchs Fernglas
die israelische
Bar-Lew-Linie,
anlässlich eines
Besuches der
ägyptischen Front
in Suez im Juli
1973.

Seine Hoheit
Shaikh Sultan
bin Muhammad
al-Qasimi spricht
unweit der
ägyptisch-israeli-
schen Frontlinie
zu Offizieren der
ägyptischen Armee,
Juli 1973.

Seine Hoheit
Shaikh Sultan
bin Muhammad
al-Qasimi im
Gespräch mit
dem ägyptischen
Präsidenten
Anwar as-Sadat,
im Juli 1973.

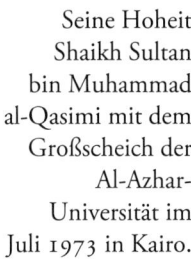

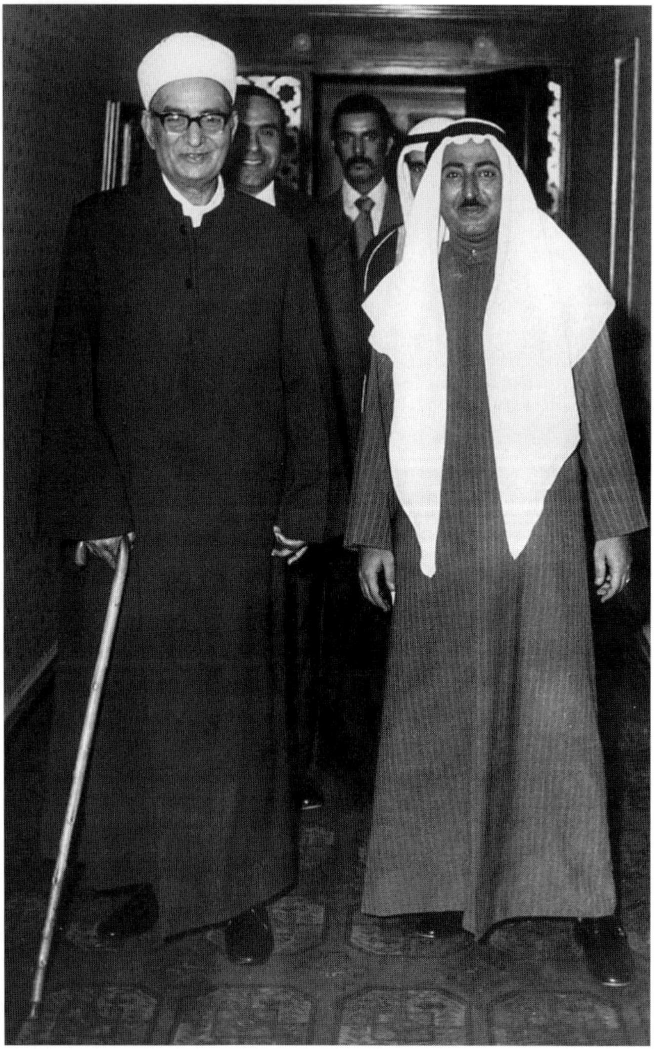

Seine Hoheit
Shaikh Sultan
bin Muhammad
al-Qasimi mit dem
Großscheich der
Al-Azhar-
Universität im
Juli 1973 in Kairo.

Seine Hoheit
Zayid bin Sultan
Al Nahyan besucht
die Maysaloon-
Schule in Sharjah,
Mai 1974.

Seine Hoheit
Shaikh Sultan
bin Muhammad
al-Qasimi im
Gespräch mit dem
Schah des Iran,
Mai 1974.

Seine Hoheit
Shaikh Sultan
bin Muhammad
al-Qasimi,
der Leiter der
Ölbehörde und
der Vorstands-
vorsitzende von
Buttes Gas & Oil
Co. International,
während einer
Sitzung im
Juli 1974.

Seine Hoheit Shaikh Sultan bin Muhammad al-Qasimi beim
feierlichen Startschuss zur Erdölförderung im Mubarak-Ölfeld
im Juli 1974.

3

Sharjah wird Erdölexporteur

ZAHLREICHE EREIGNISSE BEEINFLUSSTEN 1974 die Staats-
bildung der Vereinigten Arabischen Emirate und die Entwicklung Sharjahs. Ich werde mich hier auf die vier wichtigsten Ereignisse konzentrieren: den Beginn der Erdölexporte aus
Sharjah, Shaikh Zayids Besuch in Sharjah und den anderen Teilen der Föderation, die Beilegung des Streits zwischen Sharjah
und Umm al-Quwain und meinen eigenen Besuch im Iran.

Ansichten über Amerika

Das im vorangehenden Kapitel erwähnte Ölembargo, das die
arabischen Erdölproduzenten verhängten, zeigte in der westli-
chen Welt deutliche Wirkung und vergrößerte deren Sorge um
die künftige Erdölversorgung. Vor diesem Hintergrund gab ich
im Mai 1974 der *New York Times* ein Interview, in dem es um
die Zukunft der Ölförderung und Ölexporte aus Sharjah ging.
Ich erklärte dem Journalisten, dass die Förderung in wenigen
Monaten beginne und dies zur erhofften Entwicklung Sharjahs,
aber auch der VAE insgesamt beitrage. Auf die Frage nach der

geplanten Fördermenge antwortete ich, dass wir hofften, in jenem Jahr 80.000 Barrel pro Tag heraufzupumpen. Ich fügte hinzu, dass andere Einnahmequellen – vor allem Einfuhrzölle und einheimische Ölgewinnung – im Jahre 1973 zwölf Millionen Dollar in die Staatskasse von Sharjah gespült hatten, die ausschließlich in Projekte der Öffentlichen Hand geflossen waren. Für das Jahr 1975 wollte ich keine Prognose wagen, da die Einkünfte von den Preisen am Weltmarkt und von Angebot und Nachfrage abhingen – Faktoren, die in ständigem Wandel begriffen waren.

Dann fragte mich der Reporter der *New York Times*, ob sich die enormen Einkünfte aus dem Erdölgeschäft vielleicht negativ auf die Bereitschaft der Bürger der Emirate auswirken könnten, hart zu arbeiten und sich zu engagieren. Darauf antwortete ich:

Meiner Meinung nach wird das genaue Gegenteil der Fall sein. Dafür sprechen mehrere Aspekte. Unsere Bürger sind hart arbeitende, streng gläubige Menschen, die keine Mühen scheuen werden, um die Weiterentwicklung des Landes und seinen Anschluss an den globalen Fortschritt zu unterstützen. Viele Bürger der VAE sind gebildet, verfügen über Studienabschlüsse und arbeiten für staatliche Institutionen oder öffentliche Ämter. Sie alle haben bewiesen, dass sie der ihnen übertragenen Verantwortung gewachsen sind und erfüllen auch weiterhin die Erwartungen des Staates. Die hohen Gehälter haben sie nicht selbstgefällig werden lassen.

Dieser Erfolg hat viele Bürger motiviert, durch Weiterbildung und einen Ausbau ihrer intellektuellen Fähigkeiten ihren sozialen Status zu verbessern, sodass sie einen ihren Qualifikationen entsprechenden Arbeitsplatz finden können.

Aber auch anderen wichtigen Bevölkerungsgruppen haben wir unsere Aufmerksamkeit geschenkt, nämlich den Landwirten und privaten Bauherren der Emirate. Wir bieten ihnen technische und finanzielle Unterstützung, und speziell den Landwirten stellen wir landwirtschaftliche Geräte zur Verfügung. Damit wollen wir ihnen die Arbeit erleichtern, die betriebliche Leistung erhöhen und Probleme lösen helfen sowie den Mangel an Erfahrung ausgleichen.

Der amerikanische Reporter merkte an, er als US-Bürger hoffe, dass sich zwischen den arabischen Staaten und den USA eine echte Freundschaft entwickle, und fragte, ob ich dies für möglich hielte.

Ich antwortete darauf:

Wie zuvor gesagt, ist die Tür der Freundschaft mit den USA weit geöffnet. Viele Leute stellen sich die Amerikaner als einen Haufen von Mördern, Serienkillern und Cowboys vor, solange sie nicht selber dort gewesen sind. Als ich das Land zum ersten Mal besucht habe, sah ich ein Amerika, das vollkommen anders war als das, was Filme und andere fiktionale Werke zeigen. Ich habe meine Einstellung zu den Amerikanern und die Informationen, die mir über sie vorlagen, sofort korrigiert.

Genauso verhält es sich mit Ihrer Vorstellung von den Arabern, auch die ist falsch. Der Zionismus hat völlig die Kontrolle darüber übernommen, wie Sie über uns denken. Wenn Sie also tatsächlich eine Freundschaft mit der arabischen Welt anstreben, dann müssen Sie Ihre vorgefertigten Ideen über Araber und Ihre Sichtweise auf uns ändern, dann müssen Sie versuchen, die Probleme und Meinungen der Araber zu verstehen. Wenn wir

sehen, dass Amerika uns gegenüber wohlgesonnen ist, werden
Sie feststellen, dass wir, die Amerikaner mit offenen Armen empfangen werden. Ich habe schon früher zu einigen Amerikanern
gesagt, dass Israel mit den Abgaben, die Sie alle bezahlen, Waffen
kauft, um unsere Kinder zu töten. Wenn wir den Eindruck gewinnen, dass sich dieser Zustand ändert, wenn wir sehen, dass
Sie uns die Hand in Frieden reichen, werden Sie erkennen, dass
wir die gleiche Richtung einschlagen werden.

Auf die Frage nach der Zukunft der amerikanisch-arabischen Beziehungen, vor allem nach dem Rückzug Israels aus den arabischen Gebieten, antwortete ich:

Wir sind willens, mit Amerika Freundschaft zu schließen, denn
wir haben nichts gegen die USA und ihre Bevölkerung, voraus-
gesetzt, die USA beenden ihr Bündnis mit unseren Feinden und
die Hand, die sie uns entgegenstrecken, ist friedlich und frei von
Blut. Wir haben auch nichts gegen die Religion des Judentums.
Ihr Amerikaner seid es, die Judentum mit Zionismus verwech-
seln. Wir bekämpfen das Judentum nicht und haben auch keine
Differenzen mit dem Judentum. Unser Kampf richtet sich derzeit hauptsächlich gegen den Zionismus in seiner Eigenschaft als
imperialistisches und faschistisches System. Wir kämpfen gegen
den Zionismus, der unsere Kinder, unsere Frauen und unsere
jungen Leute tötet, gegen den Zionismus, dessen erbarmungs-
lose Anhänger das Massaker von Deir Yassin verübten. Wir sind
eine arabische Nation, in der Muslime, Christen und Juden zu-
sammenleben. Wir glauben an Allah, Seine Schriften und Seine
Propheten. Jeder, der glaubt, wir seien gegen das Judentum, irrt,
und sollte wissen, dass wir eine Nation des Friedens und der

Liebe sind, wir sind keine Aggressoren und keine Besatzer. Gleichzeitig können wir keine atheistischen Glaubensrichtungen befürworten, die unserem islamischen Glauben widersprechen.

Ich sprach auch über das Thema Arbeitskräfte in der Landwirtschaft. In der Wirtschaft der VAE sind die Beduinen ein entscheidender Faktor, insbesondere im Agrarbereich. Ich fügte hinzu: »Es liegen bereits Planungen vor, sie in Dörfern in der Nähe von fruchtbaren, landwirtschaftlich nutzbaren Flächen anzusiedeln. Wir schicken ihnen die erforderlichen Fachleute und die dringend benötigten Geräte und Maschinen, damit eine neue Generation von Landwirten heranwachsen kann, die über genügend Wissen und Erfahrung verfügt, um den Anforderungen der kommenden Entwicklungsstadien gewachsen zu sein.«

Dann wollte der Reporter wissen, inwiefern ich bereit sei, auf Know-how von außen zurückzugreifen. Ich sagte, dass jedes ernstzunehmende Sachwissen und alle Fachkenntnisse, die uns helfen würden, unser Land aufzubauen, willkommen seien, und betonte, dass Fachwissen unleugbar von entscheidender Bedeutung sei, solange das ultimative Ziel darin bestehe, Wachstum, Fortschritt und eine produktive Zusammenarbeit zwischen den Völkern der Erde zu verwirklichen.

Eine andere Frage bezog sich auf die Regierung von Sharjah, woraufhin ich zur Antwort gab:

Wir leben und arbeiten inmitten ganz unterschiedlicher Menschen. Wir und sie sind ein und dasselbe, eine Familie. Wir schätzen das Gespräch und den aufrechten Dialog. Und wir alle haben Geduld, wir bringen gemeinsam die Saat aus und warten

ab, bis die Früchte reif sind. Wir alle befinden uns in einem
Zustand der Harmonie und blicken voller Hoffnung und Ver-
bundenheit in die Zukunft. Nun geht es darum, die richtigen
Personen an die richtige Stelle zu setzen, die Aufgabenlast nach
Fachwissen und Zuständigkeit aufzuteilen und Führungspersön-
lichkeiten einzustellen, die nicht nur fachlich fähige Verwal-
tungsbeamte sind, sondern sich auch für die Menschen verantwortlich fühlen. Jede Person in leitender Funktion verfügt über
alle notwendigen Vollmachten der Entscheidungsfindung, aus-
genommen in jenen wenigen Fällen, in denen eine Entscheidung
nur schwer zu treffen ist. In diesen Fällen wird Rücksprache ge-
halten und der nötige Rat eingeholt.

Shaikh Zayids Besuch in Sharjah

Im Verlauf der Rundreise, die Shaikh Zayid bin Sultan Al
Nahyan im Jahre 1974 unternahm, um in den einzelnen Emiraten für den Geist der Einheit und des Zusammenhalts zu werben, besuchte er auch Sharjah. Am 13. Mai landete sein Hubschrauber um 9 Uhr morgens auf der Basis al-Qasimiyya. Neben
mir waren einige Bürger von Sharjah und ein paar offizielle Würdenträger zur Begrüßung anwesend.

Shaikh Zayid kam in Begleitung von Seiner Hoheit Shaikh
Sultan bin Zayid, Seiner Exzellenz Mubarak bin Muhammad,
dem Innenminister, Seiner Exzellenz Hammouda bin ʿAli, dem
Staatsminister, und Seiner Exzellenz Thani bin ʿAbdullah, dem
Sprecher des Nationalrates der Föderation.

Ich begleitete Shaikh Zayid im eigenen Wagen. Wir besuchten die Baustelle der neuen Berufsschule und fuhren dann weiter

zur Maysaloon-Schule, wo ein großer Empfang vorbereitet worden war. Schulrektorin Nourah bint 'Abdul-Rahman al-Midfi' hielt die Begrüßungsrede.

Nach einem Rundgang durch die Straßen von Sharjah-Stadt, die mit den Flaggen der Föderation und Bildern des Präsidenten geschmückt waren, bewegte sich die Prozession zum Generalrat von Sharjah, wo Shaikh Zayid die Würdenträger Sharjahs empfing und ihm zu Ehren ein Mittagessen serviert wurde.

Danach begleitete ich Shaikh Zayid zu meinem neuen Palast im Bezirk al-Ramla, damit er dort etwas ausruhen konnte. Alle Bauarbeiten waren abgeschlossen und auch die Inneneinrichtung vollständig, aber ich selbst war damals noch nicht in den Palast eingezogen.

Bei unserer Ankunft wurden wir bereits von Außenminister Ahmad bin Khalifah al-Suwaidi erwartet. Bei ihm war der Premierminister von Malta, Dom Mintoff, den Shaikh Zayid nun in meiner Gegenwart im neuen Palast empfing.

Nachmittags setzte der Präsident seine Besichtigung von Sharjah fort. Zunächst stand die Einweihung des Autobahnabschnitts zwischen Sharjah und Dubai auf dem Programm, der vom Ministerium für Infrastruktur gebaut worden war. Auf der alten Straße hatten sich besonders viele Verkehrsunfälle ereignet, weswegen der Präsident im Vorjahr den Bau einer parallel verlaufenden Straße angeordnet hatte. Nun war die in beide Fahrtrichtungen zweispurige Schnellstraße fertig, und Shaikh Zayid zerschnitt feierlich das Band. Die 14 km Autobahn hatten, bei neun Monaten Bauzeit, 36.377.000 VAE-Dirham gekostet.

Es folgte ein Besuch der gemischten Grundschule al-Khaleej al-Arabi im Bezirk al-Khan, wo die Schüler uns mit Sportvorfüh-

rungen und einer Kunstausstellung erfreuten. Die Schule verfügte über zwölf Klassenräume.

Zum Abschluss besichtigte Shaikh Zayid in al-Khan die Bau-
plätze für die geplanten Sozialwohnungen. In Gegenwart des
Ministers für Sozialen Wohnungsbau, Sa'id Hamad Salman, unterzeichnete der Präsident die Eigentumsurkunden einer ganzen
Reihe von Bürgern. Die Verteilung der übrigen Wohnungen
war für den folgenden Monat vorgesehen. 26 Wohnhäuser der
Öffentlichen Hand standen zu diesem Zeitpunkt zur Übergabe
bereit.

Um 18.30 Uhr war die Tour durch Sharjah zu Ende und ein
Hubschrauber brachte den Präsidenten zurück nach al-Kharran
in Ra's al-Khaimah.

Eine Lösung für den Streit mit Umm al-Quwain

Während seines Aufenthalts in Sharjah hatte Shaikh Zayid mich
auf den Streit zwischen Sharjah und Umm al-Quwain angesprochen. Auslöser des Konflikts war die Entdeckung von Öl in
der Nähe der Insel Abu Musa gewesen. Ich stimmte dem Präsidenten zu, dass ein Prozentsatz der Erdöleinnahmen an Umm
al-Quwain abgeführt werden solle.

Tags drauf um die Mittagszeit, keine zwei Stunden bevor
ich mich auf den Weg zum Flughafen von Sharjah machen
wollte, um zu einem Staatsbesuch in den Iran zu fliegen, zu dem
ich weiter unten nähere Ausführungen gebe, erhielt ich einen
Anruf von Shaikh Zayid. Er bat mich, nach Umm al-Quwain
zu kommen, wo er sich an jenem Tag aufhielt. Ich kam seinem Wunsch nach. Nach einer Unterhaltung zwischen Shaikh

Zayid, Shaikh Ahmad bin Rashid al-Mu'allah, dem Herrscher von Umm al-Quwain, und meiner Wenigkeit kam man überein, dass Sharjah 30 % seiner Ölanteile vom Mubarak-Feld an Umm al-Quwain abgeben solle.

Und noch ein weiteres Anliegen hatte Shaikh Zayid vor meiner Abreise: Sechs Prozent der Öleinnahmen Sharjahs sollten an das Emirat 'Ajman fließen. Ich war einverstanden.

Zayid und die Bedürfnisse des Volkes

Am 1. Juni 1974, einem Samstag, führte Shaikh Zayid bin Sultan Al Nahyan den Vorsitz bei einer Zusammenkunft des Obersten Rates. Knapp einen Monat nach seiner Rundreise durch die Emirate hatte der Präsident diese Sitzung einberufen, um den Bedürfnissen seines Volkes Rechnung zu tragen. Die Menschen forderten, die Regierung solle etwas gegen die steigenden Lebensmittelpreise in den Emiraten unternehmen. Alle Herrscher waren anwesend.

In einem ersten Schritt verfügte der Oberste Rat einen Preisnachlass von 35 % auf Grundnahrungsmittel wie Reis, Zucker und Mehl. 28 Millionen VAE-Dirham wurden bewilligt, um diese Maßnahme zu subventionieren und um in allen Emiraten Niederlassungen der Nationalen Importgesellschaft zu eröffnen.

Zu Besuch im Iran

Seit 1972 bemühten sich die Briten mit allen diplomatischen Mitteln, mich dazu zu bewegen, eine eventuelle Einladung des Schahs zu einem Besuch im Iran anzunehmen. Jedes Mal, wenn wieder ein neuer Versuch unternommen wurde, lehnte ich zwar nicht explizit ab, entschuldigte mich aber unter dem Vorwand, ich sei zu beschäftigt und hätte zu viele andere Verpflichtungen.

Anfang 1974 jedoch besuchte mich ein ranghoher iranischer Beamter, der sich mir als General Nussairi vorstellte. Er sagte, er habe eine offizielle Einladung vom Schah des Iran, Mohammad Reza Pahlavi, bei sich. Da ich zu jenem Zeitpunkt noch nicht zu einer Antwort bereit war, vertröstete ich ihn und sagte, ich käme in wenigen Tagen auf sein Anliegen zurück. Er akzeptierte das und wollte dann wiederkommen.

In der Zwischenzeit bat ich Präsident Zayid um ein Treffen. Ich informierte ihn über das Gespräch mit dem iranischen Beamten und die Einladung. Shaikh Zayid bin Sultan Al Nahyan befürwortete einen Besuch. Also teilte ich General Nussairi bei seiner Rückkehr mit, ich würde die offizielle Einladung des Schahs annehmen. Als geplanten Zeitpunkt für den Besuch einigten wir uns auf den 14. Mai 1974.

So reiste ich am Abend jenes 14. Mai nach Teheran, um einen einwöchigen Staatsbesuch zu absolvieren. An Bord meines Privatflugzeugs waren außer mir:

- Shaikh Muhammad bin Sultan al-Qasimi, Leiter des Ölministeriums,
- Shaikh Hamad bin Majid al-Qasimi, Leiter des Justizministeriums,
- Shaikh 'Abdullah bin Muhammad al-Qasimi, Vorsitzender des Gerichtshofs (Emiri Diwan),
- Shaikh Sa'ud bin Sultan al-Qasimi, Leiter der Stadtverwaltung von Sharjah,

– Shaikh Sa'ud bin Khalid al-Qasimi, bevollmächtigter Gesandter des Außenministeriums,
– Seine Exzellenz Jasim bin Saif al-Midfa', mein Privatsekretär in meiner Eigenschaft als Herrscher von Sharjah, und
– Major 'Ali Fahd als militärisches Geleit.

Am Teheraner Flughafen wurden wir von General Nussairi herzlich empfangen und darüber informiert, dass das Treffen mit dem Schah für den folgenden Tag angesetzt sei.

Am Morgen des 15. Mai 1974, einem Mittwoch, war es dann so weit: Ich traf Mohammad Reza Pahlavi, den Schah des Iran, in seinem Palast. Als ich in sein Büro trat, stand er in der Mitte des Raumes und hieß mich willkommen. Während wir nebeneinander zu unseren Plätzen gingen, tauschten wir Grußworte auf Farsi aus. Im Verlauf unseres Gesprächs zitierte ich einige persische Aphorismen und ein paar Zeilen aus Gedichten der persischen Lyriker Hafiz und Si'di, in denen es um das Wesen der Menschen und ihre Verschiedenartigkeit ging. Der Schah lächelte und entspannte sich nach und nach merklich, nachdem er anfangs nervös gewirkt hatte. Er fragte mich, wie ich dazu stünde, dass Saddam Hussein es sich zur Gewohnheit gemacht habe, Menschen willkürlich auf der Straße festzunehmen und sie an der Grenze zum Iran aus dem Wagen zu werfen, mit der Begründung, sie seien persischer Herkunft.

Ich wusste über diese Geschehnisse Bescheid und brachte meine völlige Ablehnung gegenüber solchen Akten der Barbarei zum Ausdruck, indem ich sagte: »Was war das Vergehen der Frau, die auf der Straße auf ihren Mann und ihren Sohn wartete, die beide entführt worden waren? Welche Verstöße begingen diese Menschen – Menschen, die ihr Leben verloren, nachdem sie an den Grenzen abgeladen wurden, wo sie von den dort vergrabenen Minen zerfetzt und verstümmelt wurden, weil Saddams Soldaten sie mit Maschinengewehren dazu zwangen, sich auf diese Weise abschlachten zu lassen?«

Der Schah unterbrach mich mit dem Hinweis, dass Saddam sich weigere, die zwischen ihnen getroffene Vereinbarung einzuhalten, und fuhr fort: »Und wer trat als Vermittler auf, um dieses Problem zwischen uns zu klären? Algerien! Ein arabisches Land, das sich vielleicht schon mit ihm gegen uns verbündet hat. Dennoch akzeptierten wir die Lösungen, die sie vorschlugen.« Dann fügte er drohend hinzu: »Wir können ihnen eine Lektion erteilen, die sie nie vergessen werden. Aber unsere Beziehungen zu allen anderen arabischen Staaten und unsere Wertschätzung für alle Araber hält uns davon ab, auf seine aggressive Haltung ebenfalls mit Aggression von unserer Seite zu reagieren.« Dann befragte mich der Schah zu Afghanistan und Daoud Khan, der ein Jahr zuvor per Staatsstreich an die Macht gekommen war.

»Ich könnte Daoud Khan an die Leine legen und Ihnen diese Leine in die Hand geben«, sagte ich.

»Wie?«, wollte der Schah wissen.

»Die Leine, die ich meine, ist eine Straße, die die iranische Regierung von Kabul durch Belutschistan bis zum Golf von Oman bauen kann«, erklärte ich. »Sie kümmern sich um die Straße und wir kümmern uns um die Vermarktung. Afghanische Produkte werden den Weg zum Golf finden, ebenso afghanische Importwaren aus dem Iran und anderen Golfstaaten«, fuhr ich fort. »Wir müssen ihnen Beachtung schenken, bevor Moskau das tut und ihnen eine Straße baut, die nach Moskau führt«, ergänzte ich.

»Unter einer Bedingung«, verlangte der Schah.

»Die wäre?«, fragte ich.

»Dass Daoud Khan die zwölf Beamten zurückholt, die er nach Moskau zum Studieren geschickt hat.«

»Wir wollen dem Beispiel des Propheten Muhammad folgen, Friede sei mit Ihm.«

»Erläutern Sie.«

Ich erzählte ihm die folgende Geschichte: »Nach einer der zahlreichen Schlachten zwischen Muslimen und Ungläubigen gab es einen verwundeten Kämpfer aus den Reihen der Ungläubigen, der um einen Schluck Wasser bettelte. Ein Muslim ging zu ihm, setzte ihm die Schwertklinge an den Hals und schrie ihn an: ›Schwöre, dass es keinen anderen Gott gibt als Allah und dass Muhammad von Allah gesandt wurde!‹ Als der das sah, schritt er ein und sagte zu dem Muslim: ›Gib ihm zuerst zu trinken.‹« Der Schah war ein guter Zuhörer, daher fügte ich hinzu: »Sorgen Sie sich nicht allzu sehr um die zwölf Beamten. Sie werden aus der Sowjetunion zurückkehren und diesen Ort hassen.«

»Ist das möglich?«, wunderte sich der Schah.

Wie heißt es so schön: Frag jemanden, der sich mit so etwas auskennt! Als ich in Ägypten studierte, gab es einige Studenten, die zuvor eine Zeit lang in Moskau studiert hatten. Nach ihrer Rückkehr verfluchten sie diesen Ort.

Als die Gespräche mit dem Schah beendet waren, wollte ich mich verabschieden, aber er bestand darauf, mich bis zur Tür des Wagens zu geleiten, der mich zu meiner Unterkunft bringen sollte.

Am nächsten Morgen, dem 16. Mai 1974, stand ein Treffen mit Premierminister Hoveida auf dem Programm. Ich weiß noch, wie ich zu ihm sagte: »Ein Erdbeben in Luristan hat keine

Auswirkungen auf diesen Stuhl [gemeint war sein Posten], aber eine Scheibe Brot zu wenig in den Straßen Teherans kann ihn umstürzen.«

General Nussairi besuchte mich und erklärte, der Schah sei sehr zufrieden mit unserem Treffen gewesen. »Der Schah hat mir dafür gedankt, dass ich Ihren Besuch im Iran organisiert und alles arrangiert habe«, fuhr er fort. »Auch ich bin sehr zufrieden, und stehe Sharjah für jede Art der Unterstützung zu Verfügung, auch Ihnen persönlich bin ich gern zu Diensten.«

»Könnten Sie einen Augenblick warten?«, fragte ich. »Ich möchte Ihnen Shaikh Muhammad bin Sultan al-Qasimi, den Leiter des Ölministeriums vorstellen.« Shaikh Muhammad kam und hatte eine Kopie des Abkommens zwischen Sharjah und dem Iran dabei, das in einem seiner Artikel feststellte, dass alle Erdöltransaktionen rund um die Insel Abu Musa in der Verantwortlichkeit von Sharjah lagen.

Nachdem er sich das Abkommen durchgelesen hatte, fragte mich General Nussairi: »Und was kann ich hierbei für Sie tun?«

Ich antwortete: »Ich brauche ein Schriftstück vom Schah, in dem steht, dass jegliche Öltransaktionen rund um Abu Musa unter meiner direkten Befehlsgewalt stehen.«

»Dürfte ich diese Kopie des Abkommens mitnehmen?«, frage er. »Ich bringe sie Ihnen auch wieder zurück.«

»Natürlich, ich habe nichts dagegen«, willigte ich ein.

Am nächsten Tag kam General Nussairi mit einer auf Farsi verfassten Botschaft des Schahs an mich. Darin stand, dass alle Öltransaktionen unter meine direkte Zuständigkeit fielen. Auch die Kopie des Abkommens hatte der General dabei und gab sie mir wieder.

Tags drauf, am 20. Mai 1974, verließ ich den Iran und flog zurück nach Sharjah. Eine Sitzung mit dem Fachausschuss für Ölförderung im Gebiet um Abu Musa stand auf dem Programm. Dieser Ausschuss war als Reaktion auf die ständigen, langanhaltenden Streitereien zwischen der Iranischen Ölgesellschaft und dem Ölministerium von Sharjah gegründet worden. Für Sharjah saß mein persönlicher juristischer Berater Yusri al-Duwaik im Ausschuss, Ismael 'Abdul-Wahid vertrat das Ölministerium von Sharjah und der Erdölingenieur Khalili war als Vertreter der Iranischen Ölgesellschaft anwesend.

Khalili betonte stets, dass er alle Dokumente, die Ismael 'Abdul-Wahid unterzeichnete, ebenfalls unterzeichnen müsse. Die beiden lieferten sich während der Sitzung im Ölministerium am 22. Mai 1974 einen derart hitzigen Schlagabtausch, dass der Ausschuss in meinen Palast umziehen musste, um den Streit beizulegen. Shaikh Muhammad bin Sultan al-Qasimi war bei dem Treffen anwesend. Ich hatte den Brief des Schahs dabei, der an mich persönlich adressiert war, und legte ihn vor mich auf den Tisch. Niemand in diesem Ausschuss wusste von dem Brief, außer Shaikh Muhammad bin Sultan al-Qasimi, der gerade erst hinzugekommen war. Die Parteien stritten immer noch und Ingenieur Khalili fing an, die Stimme zu erheben. Shaikh Muhammad bin Sultan al-Qasimi, der neben mir saß, flüsterte mir ins Ohr: »*Jetzt*! Hau ihm das Ding um die Ohren!«

Und jedes Mal, wenn Khalili wieder laut wurde, wiederholte Shaikh Muhammad, »Jetzt!« Endlich hatte ich genug und zeigte Khalili den Brief. Sobald er ihn gelesen hatte, küsste er das Dokument, hielt es hoch über seinen Kopf und entschuldigte sich dann für sein Verhalten.

Am Abend des 28. Mai 1974 traf ich mich mit Seiner Hoheit Shaikh Zayid bin Sultan Al Nahyan im al-Bahr-Palast und berichtete ihm, was während meines Aufenthalts im Iran geschehen war.

Eine letzte Sache zu General Nussairi will ich noch erwähnen. Ein paar Wochen nach meinem Besuch, Anfang Juni 1974, besuchte mich der britische Konsul in Dubai, A. E. Saunders, um zu hören, wie es mir im Iran ergangen war. Ich erzählte ihm von General Nussairi und der großen Zahl an Beamten, die sich während unseres Aufenthalts im Iran um uns gekümmert hatten. Saunders stellte fest: »Sie waren in den Händen der SAVAK.«

»Wie bitte?«

»General Nussairi ist der Leiter des berüchtigten iranischen Geheimdienstes SAVAK«, klärte er mich auf.

Ölexporte aus Sharjah

Die Crescent Petroleum Company, die über Lizenzen für Ölbohrungen im Gebiet um die Insel Abu Musa verfügte, hatte bereits drei ergiebige Ölquellen erschlossen und war dabei, eine vierte zu bohren. Crescent Petroleum war eine Dachgesellschaft, zu der auch Buttes Gas & Oil Co. mit 35 % der Anteile gehörte. Weitere Teilhaber waren:

- Ashland Oil Ltd. (25 %)
- Skelly Oil Ltd. (25 %)
- Kerr-Megee Corp Ltd. (12,5 %)
- Juniper Oil Ltd. (2,5 %).

78

Die Geschäftsführer all dieser Unternehmen kamen nach Sharjah, um an den Feierlichkeiten anlässlich des Beginns der Ölexporte aus unserem Emirat teilzunehmen. Sie trafen am 17. Juli 1974, einem Mittwoch, im Herrscherpalast ein. Zum festlichen Mittagsbankett, das ihnen zu Ehren ausgerichtet wurde, waren auch Sharjahs Würdenträger geladen.

Am Donnerstagmorgen weihte ich offiziell die Ölproduktion der drei Quellen im Mubarak-Feld ein, mit einer Gesamt-Fördermenge von 60.000 Barrels pro Tag. Als ich wieder nach Sharjah zurückgekehrt war, wurden der Öffentlichkeit die guten Neuigkeiten verkündet. Die vom Emiri Diwan, dem Gerichtshof, verfasste Erklärung lautete:

Seine Hoheit Sultan bin Muhammad al-Qasimi, Herrscher von Sharjah, vermeldet den Beginn der Erdölausfuhr nach erfolgreicher Ölförderung aus dem Mubarak-Ölfeld vor der Insel Abu Musa. Die amerikanische Unternehmensgruppe unter der Leitung von Buttes Gas & Oil Co. hat bekannt gegeben, dass alle zur Ausfuhr von Erdöl nötigen technischen Vorkehrungen erfolgreich getroffen wurden.

Buttes erklärte außerdem, dass im ersten Monat mit einer Exportmenge von 50.000 bis 60.000 Barrel am Tag zu rechnen sei. Grundsätzlich ist die Förderplattform jedoch auf eine tägliche Ölmenge von 100.000 Barrels ausgelegt. Die Kapazität der Erdöllagerstätte von Birkat al-'Aim, die nur etwa 1,5 km von der Förderplattform entfernt liegt, beträgt 640.000 Barrel pro Tag. Wie das Unternehmen außerdem mitteilte, ergab eine letzte Überprüfung, dass die Fördertechnik für die drei Quellen im

Mubarak-Ölfeld die Anforderungen übersteigt. Die vierte Mubarak-Ölquelle, die etwa zwei Kilometer von den anderen entfernt liegt, sei, so Buttes, so gut wie versiegt. Eine Überprüfung ist für Mitte August angesetzt.

Mit diesen Neuigkeiten zum Stand der Ölexporte verbindet der Emiri Diwan die Bitte an Allah, uns noch weitere Seiner Wohltaten zu vergönnen, auf dass Sharjah, die Emirate und die ganze Nation in Wohlstand erblühen mögen. Die Regierung von Sharjah, angeführt von Seiner Hoheit dem Herrscher von Sharjah, arbeitet mit aller Kraft daran, mehr Wohlstand zu generieren und Sharjahs Bodenschätze ordnungsgemäß zu nutzen, damit sich das Land weiterentwickeln kann, sich der Lebensstandard der Menschen erhöht und ihre Wünsche nach Einheit und einem angemessenen Leben in Erfüllung gehen.

Um die Mittagszeit veranstaltete Crescent Petroleum mir zu Ehren ein Bankett im Hotel Carlton, um die erste Tankerladung mit Erdöl aus Sharjah zu feiern. Viele Funktionäre Sharjahs waren bei dem Empfang anwesend. Ich hielt eine kurze Rede, die ich hier in Auszügen wiedergeben will.

Es ist in der Tat ein froher Anlass, der uns heute hier zusammengeführt hat: Wir feiern den ersten Erdölexport von Öl aus dem Mubarak-Feld. Die Maßnahmen, die das Unternehmen im Vorfeld durchgeführt hat, zählen aufgrund der Geschwindigkeit ihrer Umsetzung zu den herausragendsten Leistungen im Bereich der Erdölgewinnung. Dafür möchte ich all jenen meinen Dank aussprechen, die diesen Erfolg möglich gemacht haben.

Nun, da wir so viele positive Veränderungen erleben in diesem großartigen Land, das einer Zukunft voller Möglichkeiten entgegenblickt, in der die Menschen ein würdevolles Leben führen und an Leib und Seele gesund sein können, werden wir nicht zulassen, dass die Dinge einen unkontrollierten Verlauf nehmen. Daher haben wir einen umfassenden, umsichtigen Plan ausgearbeitet, wie die neu entstandenen Einkünfte am sinnvollsten einzusetzen sind. Die Bürger stehen im Mittelpunkt dieses Plans, mit dem Ziel, eine ausgewogene und widerstandsfähige Gesellschaft aufzubauen. Die erste Stufe ist bereits erreicht und beginnt, Wirkung zu zeigen, etwa in Form von realisierten Großprojekten und Ähnlichem.

Ich bete zu Allah, dem Allmächtigen, Er möge unsere Bestrebungen mit Erfolg krönen, diesem Emirat und seinen großartigen Bürgern – den Menschen der Vereinigten Arabischen Emirate und dem Staatsoberhaupt, Seiner Hoheit Shaikh Zayid bin Sultan Al Nahyan – zu dienen.

4

Verlorene Hoffnungen

Am 25. März 1975, einem Dienstag, erschütterte der Tod von König Faisal bin ʿAbdul-ʿAziz al-Saʿud die gesamte arabische Welt. Der Herrscher des Königreichs Saudi-Arabien war von einem Mitglied der saudischen Königsfamilie erschossen worden. Der größte Wunsch des in der ganzen Region beliebten Staatsoberhauptes war es immer, seine Gebete (*Salah*) in der Al-Aqsa-Moschee in einem vom Joch der zionistischen Besetzung befreiten Palästina sprechen zu können.

König Faisal machte die denkwürdige Aussage:

Das Königreich Saudi-Arabien betrachtet sich als engagierten Unterstützer jedes Arabers. Dieses Land hat sich das Ziel gesetzt, Kooperation, Solidarität und Brüderlichkeit unter allen Arabern zu erreichen. Entsprechend erwartet die arabische Welt von uns, dass wir uns wirklich und aus ganzem Herzen für die arabische Sache und die Befreiung aller arabischen Länder einsetzen und dass wir stets die Interessen der Araber im Blick haben.

Die Tragödie ereignete sich, während König Faisal seinen offiziellen Pflichten nachkam. An jenem Morgen kam Prinz Faisal bin Musa'id bin 'Abdul-'Aziz, ein Neffe des Königs, zu König Faisal und näherte sich ihm unter dem Vorwand, ihn begrüßen zu wollen. Als er nah genug war, feuerte er mehrere Schüsse direkt auf den König ab. Später fand man heraus, dass der Prinz unter einer Persönlichkeitsstörung litt und das Attentat im Alleingang geplant und ausgeführt hatte. Obwohl man den König sofort ins Krankenhaus brachte, erlag er kurz darauf seinen Verletzungen.

Die saudische Königsfamilie entschied, dass Kronprinz Khalid bin 'Abdul-'Aziz al-Sa'ud die Thronfolge antreten und Prinz Fahd bin 'Abdul-'Aziz al-Sa'ud zum neuen Kronprinzen ernannt werden solle.

Seine Hoheit Shaikh Sultan bin Zayid Al Nahyan führte eine Delegation an, die neben dem Vizepräsidenten Shaikh Rashid bin Sa'id alle Herrscher der Emirate umfasste. Am 26. November 1975 reisten sie nach Saudi-Arabien, um ihr Beileid zu bekunden.

Ich war nicht Teil der Abordnung, da ich an jenem Tag noch im Rahmen eines Staatsbesuchs in Frankreich weilte und tags drauf bereits in Tunesien erwartet wurde.

Beziehungen knüpfen: Staatsbesuche 1975

1975 absolvierte ich eine ganze Reihe von Staatsbesuchen. Ich reiste nach Kuwait, Italien, Frankreich, Tunesien und Ägypten und verfolgte dabei unterschiedliche Ziele.

Kuwait

Am Morgen des 15. März 1975, einem Samstag, brach ich auf Einladung von Seiner Hoheit Shaikh Sabah al-Salem al-Sabah, dem Emir von Kuwait, zu einem dreitägigen offiziellen Besuch in dieses Land auf. Als wir kurz vor Mittag am Flughafen von Kuwait ankamen, standen folgende Amtsträger zu unserem Empfang bereit:

- Shaikh Jaber al-'Ali, Vize-Premierminister und Informations-minister;
- 'Abdul-'Aziz Hussain, Staatsminister für Angelegenheiten des Ministerrats und Oberster Delegierter des Empfangskomitees;
- Shaikh Nawaf al-Ahmad al-Sabah, Gouverneur von Hawalli;
- Seine Exzellenz Saif al-Jirwan, Botschafter der VAE in Kuwait und
- eine Reihe anderer ranghoher kuwaitischer Funktionäre.

Im Laufe meines Besuches traf ich nicht nur mit Seiner Hoheit Shaikh Sabah al-Salem al-Sabah zusammen, sondern auch mit Studenten aus den Emiraten, die an der Universität von Kuwait studierten.

Italien

Am 18. März 1975 flog ich von Kuwait nach Italien. In Rom kam ich mit Mariano Rumor zusammen und unterhielt mich mit ihm über die bilateralen Beziehungen zwischen den Emira-ten und Italien. Es folgten Treffen mit Vertretern diverser italie-nischer Unternehmen, vor allem mit Experten aus dem Bereich der Stromversorgung.

Frankreich

Zwei Tage später, am 20. März, ging es von Rom aus weiter nach Frankreich. Während des einwöchigen Staatsbesuchs traf ich meinen Gastgeber, Präsident Valéry Giscard d'Estaing, im Élysée-Palast. Ich überreichte ihm ein goldenes Schwert, auf dem eine arabische Gedichtzeile eingraviert war. Als er mich bat, ihm den Text zu übersetzen, erwiderte ich: »Wenn ich Ihnen diese Zeile übersetzen soll, würde die Zeit unseres Treffens nicht ausreichen. Aber ich habe Ihnen hier die englische Übersetzung davon aufgeschrieben.«

Er nahm das Papier, das ich ihm reichte, und fragte dann: »Was halten Sie von der Politik Frankreichs?«

»Sie ist wie dieser weiße *thawb*«, sagte ich, und deutete auf mein arabisches Gewand. Dann nahm ich einen Füllfederhalter vom Schreibtisch des Präsidenten, setzte in Brusthöhe einen schwarzen Punkt auf den Stoff und fügte hinzu: »Aber jetzt ist dieser *thawb* nicht mehr, wie er war.«

»Und wofür steht der schwarze Punkt?«

»Es gibt Menschen, die behaupten, Frankreich zu repräsentieren, und die der Einheit Algeriens zuwiderhandeln. In der arabischen Welt interpretieren wir dies als einen unbefugten Eingriff Frankreichs in algerische Angelegenheiten.« Ich wollte dem französischen Präsidenten vermitteln, dass die französische Politik ihre Sache gut machte und so tadellos war wie mein weißes Gewand, mit einer Ausnahme: Der schwarze Punkt, den ich auf meinen *thawb* gemalt hatte, stand für die französische Algerienpolitik. Der Präsident nahm einen Stift und notierte sich meine Betrachtungen.

Wir sprachen ausführlich über Dschibuti, den französisch besetzten Teil Somalias. Ich schlug vor, Frankreich solle sich vor seinem Rückzug aus dem Gebiet mit den beiden Streitparteien aussöhnen und eine Verfassung ausarbeiten, auf deren Grundlage die beiden Parteien gemeinsam regieren könnten.

Dann ging die Tür des Büros auf und der persönliche Sekretär Giscard d'Estaings schaute herein, zog sich aber auf eine fast unmerkliche Geste des Präsidenten wieder zurück. Mir wurde klar, dass ich bereits mehr Zeit in Anspruch genommen hatte, als für mein Treffen ursprünglich vorgesehen war.

Die übrige Zeit in Frankreich verbrachte ich mit französischen Firmenchefs, die anboten, einen Beitrag zur weiteren Entwicklung Sharjahs zu leisten.

Tunesien

Am 26. März reisten wir auf Einladung von Präsident al-Habib Burqaiba zum Staatsbesuch nach Tunesien. Überbringer der Einladung war der Sohn des Präsidenten gewesen, al-Habib Burqaiba junior, der mich am 2. Januar 1975 in Sharjah besucht hatte.

In Tunis wohnte ich in einer Suite im Palast der Republik, unweit der Residenz von al-Habib Burqaiba, mit dem ich während meines Aufenthaltes mehrmals zusammenkam.

Am 27. März fand ein erstes Treffen mit dem Präsidenten statt, bei dem auch Premierminister al-Hadi Abu Nuaira, Außenminister al-Habib al-Shatti und der Botschafter der VAE in Tunesien anwesend waren. Zu dem anschließenden Dinnerbankett waren außerdem zahlreiche ranghohe tunesische Beamte geladen.

Tags drauf standen zunächst die Besichtigung der Ez-Zitouna-Moschee in der Altstadt und eine Kunsthandwerk-Ausstellung auf dem Programm. Danach ging es zu einigen Wirtschaftsstandorten und verschiedenen Bibliotheken, wo ich einige sehr berühmte und bedeutende islamische Schriften bewundern durfte.

Am nächsten Morgen empfing mich Präsident Burqaiba in seinem Büro im Palast der Republik, wo ich in Anerkennung der brüderlichen Beziehungen zwischen Tunesien und den Emiraten mit dem Tunesischen Ehrenabzeichen ausgezeichnet wurde. Auch Premierminister al-Hadi Abu Nuaira und Außenminister al-Habib al-Shatti waren bei der Zeremonie zugegen. Im Gegenzug überreichte ich dem Präsidenten einen goldenen Dolch. Im Anschluss besuchten wir die historische islamische Stadt Qairawan und die Insel Djerba, ein beliebtes Urlaubsziel.

Der 30. März war dem Besuch von Burqaibas Geburtsstadt Monastir vorbehalten, bevor wir am Tag danach Tunesien verließen, um nach Ägypten weiterzureisen.

Ägypten

Wir kamen am 31. März in Kairo an, dem Ausgangspunkt meines viertägigen Staatsbesuches. Am Flughafen nahm uns Premierminister Dr. 'Abdul-'Aziz Hegazy in Empfang. Ich kannte ihn von früher: Ich hatte ihn einmal in seiner Eigenschaft als Professor für Rechnungswesen an der Universität von Kairo in seinem Büro im Kairoer Stadtzentrum aufgesucht; damals war ich noch Student an der Landwirtschaftlichen Fakultät.

Im Verlauf des Staatsbesuchs kam ich mit einigen einflussreichen Ministern zusammen, etwa dem Botschafter der VAE in Ägypten, Taryam bin 'Umran bin Taryam, sowie einigen arabischen Ministern.

Die ägyptische Ehrendelegation, die uns für die Dauer unseres Aufenthalts begleitete, wurde von Dr. Mahmoud Abdul-Akher angeführt, dem Landwirtschaftsminister, der einmal mein Dozent für Nutzpflanzen gewesen war und nun als Dekan der Landwirtschaftlichen Fakultät vorstand. Außerdem anwesend war der Zeremonienmeister des Kabinetts, Ibrahim Sha'rawi.

Am Morgen des 1. April begannen die offiziellen Gespräche in den Sitzungsräumen des Kabinetts. Die ägyptische Delegation wurde von Premierminister Dr. 'Abdul-'Aziz Hegazy angeführt. Danach ging es zum ägyptischen Parlament, der Volksversammlung, wo wir mit Parlamentssprecher Sayed Marei zusammentrafen.

Ein Besuch bei Präsident Anwar as-Sadat fand am folgenden Tag nach dem *Maghrib*-Gebet statt, in einer Villa in al-Qanater al-Khayriyyah. Der Botschafter der VAE in Ägypten, Taryam bin 'Umran bin Taryam, begleitete mich.

Präsident Sadat empfing uns am Ende einer offenen Treppe, die zu einem Raum im zweiten Stock der Villa führte. Ich schüttelte ihm zur Begrüßung die Hand, und der Botschafter tat es mir nach. Dann legte mir der Präsident seine Hand auf den Rücken und führte mich, Stufe um Stufe, die schmale Treppe hinauf. »Willkommen!««, sagte er, »Willkommen, Sohn Ägyptens!«

Unser Gespräch drehte sich um die Begleitumstände des Krieges, den er 1973 begonnen hatte. Sadat klagte, die Sowjets hätten ihn nicht mit Waffen versorgt. Ich unterbrach ihn: »Der verstorbene Präsident Jamal 'Abdel Nasser, möge Allah seiner Seele Frieden schenken, hatte vor seinem tragischen Tod alle Vorkehrungen für diesen Krieg getroffen.« Als ich das sagte, griff Sadat nach einem Feuerzeug und zündete die Pfeife an, die er in der Hand hielt. Er stieß mehrmals Rauch aus und atmete dann mit einem Mal eine riesige Rauchwolke aus, hinter der er sich verbarg. Da

Sadat verärgert dreinblickte[11], sprang Botschafter Taryam bin 'Umran bin Taryam ein und wechselte das Thema. Er fragte: »Wie sind Ihre Beziehungen zu Syrien?«

»Gut«, antwortete der Präsident.

Danach kehrte vollkommene Stille ein, was ich als Signal verstand, dass es Zeit war zu gehen. Ich stand auf und streckte meine Hand aus, um mich zu verabschieden. Der Präsident reichte mir von seinem Schreibtisch aus die Hand und sagte: »Auf Wiedersehen.«

Am 3. April, einem Mittwoch, fand in der Zentrale der Arabischen Liga ein Treffen mit Generalsekretär Mahmoud Riyadh statt. Danach besuchten wir die Botschaft der VAE in Kairo, wo ich die Belegschaft der Botschaft kennenlernte.

Am 4. April traf ich mit Dr. Muhammad Hafiz Ghanem zusammen, dem Generalsekretär des Zentralkomitees der Arabischen Sozialistischen Union. Keine zwei Jahre zuvor hatte ich Dr. Ghanem in seinem Büro im Hauptsitz der Union besucht. Damals war er voll des Lobes über die Regierung Nasser gewesen. Nun suchte ich ihn erneut in seinem Büro auf. Nichts schien sich geändert zu haben – außer ihm selbst. Er begann das Gespräch mit den Worten: »Was ist von der Ära 'Abdel Nasser geblieben? Schrottreife Fabriken und ein Staudamm, der verhindert, dass die Schwemmböden flussabwärts gelangen können, was eine Katastrophe für Ägyptens Landwirtschaft ist.«

An dieser Stelle unterbrach ich ihn: »Sie bezeichnen die Fabriken als Schrott? Sprechen Sie von den Rüstungsfabriken, an

---

[11] Sadat war neidisch auf Nassers Vermächtnis und seine Popularität und wollte die gesamte Anerkennung für den Sieg über Israel 1973 für sich beanspruchen. Eine bewundernde, lobende Erwähnung Nassers irritierte ihn.

denen die Vereinigten Arabischen Emirate für Millionen von Dollar Anteile erworben haben? Nun, das muss ich der Regierung der VAE mitteilen, damit sie ihre Gelder aus diesen überteuerten Firmen abzieht, die nur noch einen zweifelhaften Wert zu haben scheinen. Und was den Assuan-Staudamm betrifft: Er schützt Ägypten in Zeiten der Dürre, erzeugt kostengünstig Energie und versorgt die entferntesten Städte und Dörfer mit Strom.« Dann bat ich, mich zu entschuldigen, und verließ den Raum, während Dr. Ghanem weiterhin schäumte und wütend auf den Reporter Zakaria Neel einredete, der bereits vor meinem Eintreffen bei ihm gewesen war.

Später verriet mir Zakaria: »Bevor Sie kamen, hatte mich Dr. Ghanem schon über Eure Hoheit ausgefragt, und ich hatte ihm gesagt, Sie seien ein Sohn Ägyptens. Nachdem Sie gegangen waren, brüllte Dr. Ghanem: »Einfach nur ein Sohn Ägyptens? Er kennt Ägypten besser als jemand, der im Herzen von Gizeh geboren und aufgewachsen ist! Man kann ihm nichts vormachen!«

Am 6. April 1975 kehrte ich nach Sharjah zurück.

5

Eine Nation, eine Flagge

DIE GRÜNDUNG DER FÖDERATION der Vereinigten Arabischen Emirate war eine neue Erfahrung in der Golfregion,
entpuppte sich aber im Laufe der Zeit trotz der anfänglichen
Schwierigkeiten als Erfolgsgeschichte. In der ersten Phase hatte
die Schaffung und Etablierung staatlicher Institutionen im Vor-
dergrund gestanden. Nun waren wir in die zweite Phase eingetreten und machten große Fortschritte in der Bearbeitung der Probleme und Überwindung der Hürden, die auf unserem Weg in
eine erfolgreiche Zukunft lagen.

Nach einer eingehenden und detaillierten Untersuchung über
einen Zeitraum von fünf Monaten hatte ich dem Obersten Rat
am 9. Januar 1974 einen Bericht vorgelegt. Der zehnseitige Text
war – unter meinem Vorsitz – von einem Ausschuss erarbeitet
worden, der den Auftrag erhalten hatte, Mittel und Wege zur
Stabilisierung der Föderation zusammenzutragen. Obwohl der
Bericht viele Vorschläge enthielt, wie man in den verschiedenen
nationalen Bereichen Probleme anpacken und Hindernisse überwinden und wie man die stufenweise Weiterentwicklung der
neuen Nation vorantreiben könnte, wurden keine entsprechenden Maßnahmen ergriffen.

Am 26. April 1974 kam der Oberste Rat erneut zusammen. Den Vorsitz führte Seine Hoheit Shaikh Zayid bin Sultan Al Nahyan. Im Mittelpunkt der Sitzung standen Vorschläge und Konzepte, die zur Konsolidierung der Föderation und zur Realisierung der von ihr formulierten Ziele beitragen würden. Grundlage der Diskussion war der Bericht eines Ministerausschusses unter Vorsitz von Premierminister Shaikh Maktum bin Rashid al-Maktum.

Shaikh Zayid: mit Aufrichtigkeit und Entschlossenheit

Der Präsident der Vereinigten Arabischen Emirate, Seine Hoheit Shaikh Zayid bin Sultan Al Nahyan, traf am 21. Oktober 1975 mit Vertretern der nationalen Medien zusammen. Im Laufe der Pressekonferenz – einer der wichtigsten und aussagekräftigsten seit der Gründung der VAE – behandelte Shaikh Zayid viele der oben erwähnten staatsinternen Themen und erläuterte seine Position im Hinblick auf die noch anstehenden weiteren Stufen der nationalen Entwicklung. Er ging auch auf die Verantwortung ein, die er als Präsident – aber auch jedes Mitglied des Obersten Rates und jeder ganz normale Bürger – dafür trug, die Föderation nach vorne zu bringen, hin zu einer neuen Zukunft, die alle Hürden hinter sich gelassen hat.

Shaikh Zayid hob die Rolle der Streitkräfte hervor, die für Stabilität gesorgt und die nationale Sicherheit garantiert hätten. Dieser Zustand sei einer gerechten Verteilung der Kompetenzen und Zuständigkeiten förderlich, sodass im Falle einer Fehlentwicklung die Verantwortlichen leicht gefunden werden könnten.

Der Präsident betonte: »Jeder Herrscher innerhalb unserer Föderation hat die Pflicht, für das Fortbestehen des Staates Sorge zu tragen und keine Ziele zu verfolgen, die dem zuwiderlaufen, denn die ganze Nation blickt voller Erwartung zu jedem einzelnen von ihnen auf. Zugunsten des öffentlichen Interesses müssen wir alle persönlichen Anliegen beiseitelassen. Das wird uns einen, wird unser Wohlergehen sichern und Wohlstand für alle ermöglichen.«

Zum Thema freie Meinungsäußerung und dem Recht, Kritik zu äußern, erklärte Shaikh Zayid:

Wir glauben an die Freiheit und an den Schutz der Würde jedes einzelnen Bürgers. Die Presse ist ein Teil dieser Nation; sie ist sozusagen das Bewusstsein des Volkes. Deswegen müssen wir konstruktive Kritik vonseiten der Presse begrüßen, denn wir alle sind aktive Teilhaber der Meinungsbildung. Unser Ziel ist es, alles zu verwirklichen, was im öffentlichen Interesse liegt und dazu beiträgt, unser Land aufzubauen. Es ist bedauerlich, dass die von den staatlichen Massenmedien verbreiteten Informationen teilweise widersprüchlich sind. Diese Dinge bedürfen unbedingt der Richtigstellung.

Der Präsident wies außerdem darauf hin, wie wichtig die Abstimmung zwischen den einzelnen Emiraten sei, wenn es um Industrieansiedlungen und andere Großprojekte gehe. Er sagte: »Die Wirtschaft dieses Landes muss als untereinander dicht vernetzte Einheit agieren, und jedes Projekt muss das Wohl der gesamten Gesellschaft im Auge haben, damit unser Ziel des Wohlstands für alle erreicht werden kann.«

Des Weiteren sprach Shaikh Zayid über den Nationalrat der Föderation: »Wir begrüßen die Ansichten aller Söhne und Töchter der Emirate und sind stets daran interessiert, ihre Meinungen zu allen großen und kleinen Themen zu hören und die anstehenden Aufgaben gemeinsam anzugehen. Wir alle sind unermüdliche Kämpfer für dieses Land, und jene, die sich nicht als solche sehen, gehören nicht zu uns.«

Auch das Problem der Korruption in der Verwaltung wurde angesprochen: »Diese Nation wird nicht erfolgreich sein, wenn es uns nicht gelingt, diese bösartige Geschwulst namens Korruption auszumerzen. Wir werden uns nicht damit abfinden, dass diese Krankheit mitten unter uns wuchert. Wir müssen äußerst wachsam sein und uns und unsere Kinder schützen. Jeder, der vom rechten Weg abkommt, muss zur Rechenschaft gezogen werden. Wir dürfen keine Korruption dulden und müssen unseren Staat zu jeder Zeit davor schützen.«

Im Hinblick auf die Anstrengungen, die der Staat unternahm, um die Belastung der Bürger durch hohe Lebenshaltungskosten zu mindern, wie etwa den Verkauf von Lebensmitteln zu besonders niedrigen Preisen durch die staatlich finanzierte Nationale Handelsgesellschaft, appellierte der Präsident an die Händler: »Die Handelstreibenden müssen erkennen, dass diese Gesellschaft im Interesse unseres Volkes gegründet wurde. Folglich müssen die Händler ihre persönlichen Interessen hintanstellen, zugunsten aller Maßnahmen, von denen die Allgemeinheit profitiert.«

Die Frage zu einer möglichen Verstaatlichung der Ölindustrie der VAE beantwortete Shaikh Zayid wie folgt: »Eine Verstaatlichung wird derzeit nicht in Erwägung gezogen. Um die Ölförderung effizient betreiben zu können, sind wir auf Fachwissen angewiesen, über das wir im Moment noch nicht selbst verfügen. Unsere nationalen Fachkräfte sind noch nicht ausreichend qualifiziert, und wir haben nicht vor, die eine Gruppe von ausländischen Fachleuten durch eine andere, ebenfalls ausländische zu ersetzen.«

Eine mögliche Erweiterung der Föderation kommentierte er mit der Einladung: »Die Tür zur Mitgliedschaft in den Vereinigten Arabischen Emiraten steht für unsere Brüder in Qatar und Bahrain weit offen. Wir haben alle die gleichen Interessen.«

Nach der Konferenz traf ich mich mit Shaikh Zayid und Außenminister Ahmad bin Khalifah al-Suwaidi. Ich legte ihnen die Beschlüsse dar, die ich umzusetzen gedachte, um die föderale Einheit der VAE zu stärken – Beschlüsse, die nicht nur praktische Schritte auf dem Weg nach vorne seien, sondern auch allen anderen Herrschern zum nachahmenswerten Vorbild gereichen könnten. Shaikh Zayid billigte meine Vorhaben.

Beschlüsse zur Konsolidierung der Föderation

Am 4. November 1975 hielt ich eine Rede anlässlich der Einweihung des neuen Hauptgebäudes des Verkehrsministeriums von Sharjah und nahm auch an den anschließenden Feierlichkeiten teil. Meine Ansprache hatte folgenden Wortlaut:

Im Namen Allahs, des Erbarmers, des Barmherzigen. Liebe Brüder, verehrte Bürger! Ich bin heute hier, um euch zu begrüßen und willkommen zu heißen. Ich danke euch, dass ihr zur Einweihung dieser neuen Institution – dem Verkehrsministerium von Sharjah – gekommen sind. Mit diesem Festakt feiern wir, dass wir bei der Konsolidierung unserer Föderation wieder einen Schritt weitergekommen sind.

Ich will heute ganz offen zu euch sprechen, liebe Brüder, weil ich an die gleichen Dinge glaube wie ihr und die Dinge zu verwirklichen möchte, die ihr euch erträumt.

Die politische Spaltung der arabischen Welt ist leider eine Realität, die uns allen auferlegt wurde, vom Arabischen Golf[12] bis zum Atlantischen Ozean. Und sie geschah trotz des Status, den wir in früheren Zeiten innehatten, als wir noch eine Nation waren, mit einer eigenen, einheitlichen Identität, und viele Jahrhunderte lang als eine Einheit existierten.

Objektiv betrachtet scheint es in unserer heutigen arabischen Welt keinen nachvollziehbaren Grund für diese politische Spaltung zu geben, und das gilt auch für all die anderen Aspekte der Spaltung und Zersplitterung, die wir gegenwärtig im Hinblick auf unsere Völker, Länder, Kulturen oder Interessen erleben.

Die Geschichte hat uns gezeigt, dass die Spaltung der arabischen Nation immer dem Zerhacken eines Körpers in viele kleine Stücke gleichkam, was zwangsläufig divergierende Interessen zur Folge hatte. Dafür gibt es zahlreiche Beispiele.

Wir hier am Golf[13], liebe Brüder, beobachten sehr genau, was sich in den entfernteren Staaten unserer arabischen Heimat abspielt, denn wir glauben fest daran, dass wir ein und dasselbe Schicksal haben. Damit betonen wir unsere Identität als Araber und bekräftigen unseren nationalen Gedanken. Die Ereignisse im Libanon[14] zum Beispiel sind nichts weiter als eine Manifesta-

---

[12] Gemeint ist die Wasserstraße, die vielfach als Persischer Golf bezeichnet wird.
[13] Vgl. vorhergehende Fußnote.
[14] Eine Anspielung auf den Bürgerkrieg im Libanon.

tion des Risses, der sich durch das Gefüge zieht, das die arabische Gesellschaft zusammenhält, und damit auch eine Manifestation des massiven Keils, den man in unser arabisches Volk getrieben hat, um uns zu spalten. Die fortwährenden Streitereien und Meinungsverschiedenheiten zwischen den arabischen Brüdern über das zentrale Thema[15] ist nur eine weitere Erscheinungsform des Unfriedens, den uns fremde Mächte aufgezwungen haben, damit wir uneins bleiben und nicht in der Lage sind, uns wieder als eine geeinte arabische Nation zu erheben.

Meine lieben Brüder, wir, das arabische Volk, lehnen diese Spaltung ab, und wir verabscheuen Streitigkeiten. Auch das Volk der Vereinigten Arabischen Emirate lehnt diese Spaltung ab und verabscheut Streitigkeiten. Wir glauben, dass die Vereinigung unser letztgültiges Schicksal ist. Wir streben danach, unsere Einheit so sehr zu stärken wie es uns nur möglich ist. Wir arbeiten mit aller Entschlossenheit daran, unseren jungen Staat auf ein solides Fundament zu stellen, damit er am Ende, nach all den Jahren der permanenten Zwietracht, in Gestalt einer einzigartigen Entität, als Ganzes in Erscheinung tritt.

Für die ordnungsgemäße Gründung unseres Staates und den Aufbau unserer Nation stellt das derzeitige Umfeld Anforderungen in bislang ungekannten Ausmaßen an uns. Es gilt, Streitgesprächen eine Absage zu erteilen, Gegensätze zu beseitigen, vergangene Fehler zu beheben und über persönliche Konflikte und strittige Themen erhaben zu sein.

Meine Brüder, wir alle müssen für die Stabilität unseres Landes sorgen und unseren neuen Staat schützen, damit er sich aufrecht und voller Stolz präsentieren und behaupten kann.

---

[15] Damit ist der Konflikt um Palästina gemeint.

Mitbürger! Das Volk erwartet von seinen Herrschern, dass sie alle regionalen Ämter zu einem geeinten Bundesorgan verschmelzen, unter einer Flagge und unter einem Präsidenten. Und ich glaube nicht, dass irgendjemand unter uns anderer Meinung ist oder sich gegen den Willen des Volkes stellt. Diese Entschlossenheit unserer Bürger hat ihr eigene Vorstellung von Recht und Gerechtigkeit. Im Namen der Bürger erkläre ich hier, an dieser Stelle, dass das vollständige Aufgehen in der Föderation angesichts des gegenwärtigen Entwicklungsstadiums unseres Staates eine unumgängliche Notwendigkeit ist, vor allem nach vier Jahren Versuch und Irrtum, Erfolgen und Fehlschlägen.

In wenigen Tagen werden wir den Jahrestag der Gründung unseres gemeinsamen Staates und unserer Unabhängigkeit feiern. Wir müssen unserem Volk, das die Zeiten der Spaltung und deren negative Folgen durchlebt hat, einen Beweis für unseren Glauben geben und für unsere Entschlossenheit, weiter voranzuschreiten, bis wir unser größtes Ziel erreicht haben: die Einheit. Wir werden unseren Präsidenten unterstützen, der so viel für uns geopfert hat und so viele Anstrengungen unternommen hat, um dieses Land zu vervollkommnen und sein großartiges Volk zum Wohlstand zu führen.

Meine Brüder, in eurem Namen will ich einige Zusammenschlüsse verkünden. Folgende Institutionen unterstehen von nun an der jeweiligen Bundesbehörde der Vereinigten Arabischen Emirate:

1. Sharjahs Polizei und seine Abteilungen für Öffentliche Sicherheit dem Innenministerium der Vereinigten Arabischen Emirate;
2. unsere Justizbehörde dem Bundes-Justizministerium;

3. Sharjahs Radio dem Bundesministerium für Information;

4. Sharjahs Amt für Kabelgebundene und Drahtlose Kommunikation dem Bundesministerium für Post- und Fernmeldewesen und

5. die Nationalgarde Sharjahs in ihrer Eigenschaft als Sicherheitstruppe dem Bundesministerium des Inneren.

Dass diese Behörden nun in den entsprechen Einheiten der Föderation aufgehen, bedeutet, dass der fortschreitende Entwicklungsprozess hin zu einer vereinten Nation unsere gesamte Bürgerschaft erfasst und wir alle uns dieser alles umfassenden Einheit verschreiben. Wir hier in Sharjah erklären laut und deutlich, dass dies unser Ziel ist.

Zum Schluss möchte ich dem Volk der Vereinigten Arabischen Emirate unter der Führung von Seiner Hoheit Bruder Shaikh Zayid bin Sultan aus ganzem Herzen meine besten Wünsche übermitteln. Möge Allah dem Volk Wohlstand schenken und seinen Präsidenten zum Richtigen und Wahren führen, auf dass er uns in unserem Dienst an unserer arabischen Nation Orientierung gibt und uns im Namen der arabischen Welt zu einem heroischen Sieg verhilft.

Vielen Dank.

Gleich nach meiner Rede wurde auf dem Dach des neuen Verkehrsministeriums die Staatsflagge gehisst.

Noch am selben Tag fand eine etwa einstündige Pressekonferenz statt, an der eine große Zahl von Journalisten aus den Emiraten und aus anderen arabischen Ländern teilnahmen. Die meisten Fragen bezogen sich auf die Maßnahmen, die zur Umsetzung der von mir verkündeten Beschlüsse getroffen werden sollten. Einige signifikante Fragen und meine Antwort darauf will ich hier wiedergeben:

Frage: Warum fielen diese Entscheidungen so kurz vor der Einberufung des Obersten Herrscherrates? ['Abdullah al-Nuwais, Abu Dhabi TV]

Antwort: Zunächst einmal sind diese Beschlüsse nicht neu oder an diesen speziellen Zeitpunkt geknüpft. Die damit verbundenen Themenbereiche wurden seit der Gründung unserer Föderation von den Amtsträgern ernst genommen und bearbeitet. Wir haben immer versucht, unsere Föderation in jeder erdenklichen Weise zu unterstützen. Diese Beschlüsse wurden folglich gefasst, um jene Thematiken abzuschließen, die sich als Hindernisse für das Voranschreiten unserer Föderation erwiesen haben – Stolpersteine, die den von unserem Volk gewünschten Fortschritt behindern könnten. Die gefassten Beschlüsse sind eine Reaktion auf die Wünsche des Volkes: Zusammenschluss und Einigung. Unser Ziel war immer die Einheit. Vielleicht haben wir anfangs die dafür nötigen Mittel nicht als solche erkannt, aber nun sind wir über Schwierigkeiten erhaben, die uns von vornherein nicht hätten behindern sollen.

Wir sind diese ersten Schritte gegangen und haben die Fusion lokaler Institutionen mit den entsprechenden Bundesministerien verkündet. Es werden sicher weitere Maßnahmen folgen, *inshallah*, für fortschreitenden Aufschwung, für eine effizientere interne Vernetzung und für eine entschlossenere Solidarität, zugunsten der Sicherheit der gesamten Region.

Frage: Nachdem Sie nun diese Beschlüsse gefasst haben, was, denken Sie, sollte auf der Agenda des Obersten Rates stehen, wenn er zusammenkommt? [Khalid Muhammad Ahmad von der Zeitung *al-Ittihād*]

Antwort: Was bisher geschehen ist, war nur der erste Schritt, und wir werden jetzt nicht stehen bleiben. Vielmehr sollten wir unsere Anstrengungen und Bestrebungen fortsetzen, um eine umfassendere Einheit und eine engere Zusammenarbeit zu erreichen. Im Obersten Rat werden meine Bemühungen als aktives Mitglied über das bisher Erreichte hinausgehen. Wir müssen die letzte Stufe eines vollkommenen Zusammenschlusses erreichen, so will es unser Volk. Dies ist unsere Pflicht, und wir werden diese Pflicht erfüllen, wenn nicht heute, dann morgen, denn es ist eine heilige Pflicht, mit der wir betraut wurden. Ich bete zu Allah, auf dass Er uns in unseren Bemühungen leiten möge.

Am Ende jenes Tages erreichte mich ein Glückwunschtelegramm von Shaikh Zayid bin Sultan Al Nahyan, in dem er die von mir unternommenen Schritte lobte.

Doch damit nicht genug: Am Abend darauf, am 5. November 1975 (einem Mittwoch), kam Seine Hoheit Shaikh Zayid bin Sultan Al Nahyan höchstpersönlich nach Sharjah, um mir zu gratulieren und den Feierlichkeiten beizuwohnen. Die Menschen scharten sich vor dem Gebäude der Ratsversammlung von Sharjah in Erwartung des Präsidenten, den sie mit Gesängen, Fahnen und Willkommensplakaten begrüßten. Während Shaikh Zayid in der *majlis* noch damit beschäftigt war, lobende Worte und Glückwünsche auszusprechen, strömte eine große Menge jubelnder Bürger herein, um dem Präsidenten und mir die Hand zu schütteln und uns zu gratulieren.

Eine neue Flagge

Am Morgen des 6. November 1975 erwartete ich die Ankunft eines Demonstrationszugs. Der öffentliche Marsch, der als Unterstützung der von mir verfügten Beschlüsse gedacht war, startete bei Sonnenaufgang – lange vor dem ursprünglich geplanten Zeitpunkt – an den Toren von Sharjah-Stadt.

Um 10 Uhr bestand die Demonstration bereits aus über 10.000 Teilnehmern, die auf dem Weg zum Rathaus durch Sharjahs Straßen marschierten. Banner mit Bildern von Shaikh Zayid und mir schwebten über den Köpfen der Menge, daneben Plakate, auf denen die erwähnten Beschlüsse begrüßt wurden, und andere, die die vollkommene Einheit und ein Ende der Korruption forderten.

Inmitten dieser zigtausend Menschen – hauptsächlich Angestellte staatlicher Institutionen oder der Privatwirtschaft, aber auch Schüler – stand ich auf einem Tisch neben dem Fahnenmast, an dem die Nationalflagge von Sharjah wehte. Die Flagge der Föderation in meiner Hand, wandte ich mich an das Volk: »Dieser Staat hat einen Präsidenten und eine Flagge. Wir wollen Worten Taten folgen lassen: Lasst uns die Flagge von Sharjah durch die der Föderation ersetzen. Sie soll über allen Institutionen und Behörden Sharjahs wehen.« Dann tauschte ich, von der Menge bejubelt, die Flaggen aus.

Einigen Bürgern gefiel dieser Flaggentausch ganz und gar

nicht: »Sultan hat die Flagge der al-Qawasim[16] entfernt«, murrten sie. Also musste ich ihnen die wahre Geschichte jener Flagge erklären.

Diese Flagge, außen weiß, in der Mitte rot, ist für die Briten die zweite Flagge. Wenn Schiffe, die aus einem britischen Hafen aus- oder in einen britischen Hafen einfuhren, diese Flagge hissten, bedeutete dies, dass das Schiff einen Kapitän an Bord hatte. Nach dem Sieg über den Stamm der al-Qawasim gaben die britischen Besatzer den Qawasim diese rot-weiße Flagge anstelle der eigenen, die aus drei horizontalen Streifen bestand, von oben nach unten grün, weiß und rot; auf dem weißen Feld stand die Koranzeile »Hilfe von Allah und ein naher Sieg«. Wir verloren unsere Flagge am Samstag, dem 8. Januar 1820. Was ich gerade eben getan habe, ist, den Bürgern des heutigen Sharjah und den Bürgern des Sharjah von damals ihre Würde wiederzugeben, denn alle waren gezwungen, vor der Flagge ihrer Besatzer zu salutieren, die ihnen ihre eigene Flagge – die den Kampf der Qawasim symbolisierte – gestohlen hatten.

Gleich darauf wurden die Flaggen auch anderer Emirate eingeholt und die Flagge der Föderation gehisst. Beim Treffen des Obersten Rates am 15. November 1975 schlossen sich die Herrscher von ʿAjman, Umm al-Quwain und Fujairah meiner Vorgehensweise an: Sie führten ihre regionalen Institutionen und Behörden mit den entsprechenden Bundesinstitutionen zusammen und ersetzten ihre eigenen Flaggen durch die der Föderation.

---

[16] Die al-Qawasim, meine Stammesfamilie, sind das jahrhundertealte Herrschergeschlecht von Sharjah.

Daraufhin beschloss der Präsident und Herrscher von Abu Dhabi, Seine Hoheit Shaikh Zayid bin Sultan Al Nahyan, die Flagge Abu Dhabis ebenfalls durch die der Föderation zu ersetzen. Darüber hinaus entschied er, dass 50 % der Staatseinnahmen von Abu Dhabi in die Kassen der VAE fließen sollten – zur Gründung der Universität der Vereinigten Arabischen Emirate und zur Schaffung eines Nationalen Rechnungshofes.

6

*Kommunismus in Somalia
und Islam in Amerika*

In Somalia

AUF EINLADUNG VON PRÄSIDENT SIAD BARRE begab ich mich am 18. Januar 1976 zu einem offiziellen Besuch nach Somalia.

Die mich begleitende Delegation bestand aus:

- Shaikh Muhammad bin Sultan al-Qasimi, Minister für Infrastruktur;
- Shaikh ʿAbdullah bin Muhammad al-Qasimi, Minister des Gerichtshofs (Emiri Diwan) von Sharjah;
- Shaikh Saʿud bin Sultan al-Qasimi, Leiter der Stadtverwaltung von Sharjah;
- Shaikh Saʿud bin Khalid al-Qasimi, bevollmächtigter Gesandter des Außenministeriums;
- Taryam bin ʿUmran bin Taryam, Botschafter der VAE in Ägypten;
- ʿAbdullah bin ʿUmran bin Taryam, Bildungsminister;
- Jasim bin Saif al-Midfaʿ, Privatsekretär des Herrschers von Sharjah;

– ʿAbdul-Rahman Bukhater, Direktor der Nationalbank von
Sharjah und

– Major ʿAli bin ʿAbdullah al-Muhayyan als Begleitschutz.

Ein paar ranghohe Beamte hatten sich, zusammen mit einigen
ganz einfachen Bürgern Sharjahs, vor meiner Abreise eingefunden, um mich zu verabschieden, unter ihnen auch Shaikh Muhammad bin Rashid al-Maktum, der Verteidigungsminister.

In Somalia fand am Dienstag, dem 20. Januar 1976 ein offizielles Treffen mit Präsident Siad Barre statt, bei dem auch Dele-
gierte beider Länder anwesend waren.

Shaikh Zayid bin Sultan Al Nahyan hatte mich autorisiert,
Somalia Hilfsleistungen anzubieten und das Land beim Aufbau
lebenswichtiger Projekte zu unterstützen. Außerdem sollte ich versuchen, Barre vom Kommunismus abzubringen, einer Ideologie,
die in keiner Weise zur Lebenswirklichkeit unserer Region passte.

Während unseres Aufenthalts besuchten wir tagsüber verschiedene Landesteile Somalias und abends standen dann Treffen mit Barre auf dem Programm. Einer seiner Minister, Ahmad
Hassan, übernahm dabei die Rolle des Dolmetschers.

Bei einem dieser Treffen sprach Präsident Barre über Kommunismus als eine Art der Lebensgestaltung. Ich widersprach:
»Unwissend ist der, der Ideen aus dem Ausland importiert; weise
ist, wer die eigenen Gedanken seines Volkes benutzt und sie
weiterentwickelt.« Als ihm dieser Satz übersetzt wurde, blickte er
sehr wütend drein und murmelte ein paar Worte auf Somali, die
ich nicht verstand.

Viel später, als Ahmad Hassan sich mit Siad Barre entzweit
hatte, besuchte mich der frühere somalische Minister in Sharjah.

Ich fragte ihn nach den unverständlichen Worten, die Siad Barre bei unserem Treffen gemurmelt hatte. »Siad Barre sagte: ›Verflucht seist du! Du bezeichnest mich als einen Unwissenden!‹«, klärte Ahmad Hassan mich auf.

Im Namen von Shaikh Zayid bin Sultan Al Nahyan stellte ich Somalia folgende Hilfsangebote in Aussicht:

1. eine finanzielle Unterstützung in Höhe von 40 Millionen Dollar vonseiten der VAE zum Bau eines Staudamms in Somalia;
2. den Bau einer Zuckerfabrik;
3. die Gründung dreier religiöser Einrichtungen, die dem Bildungsministerium der VAE unterstehen würden und
4. Soforthilfe für die somalischen Dürreopfer.

Es wurde eine kurze diesbezügliche Erklärung vorbereitet. Als diese Präsident Barre vorgelegt wurde, störte er sich jedoch an folgender Passage: »Die geführten Gespräche bekräftigen das ausgeprägte Interesse beider Länder, die Einheit des islamischen Glaubens zu bewahren, was die Völker beider Länder im Einklang mit den ehrwürdigen Prinzipien des Islam verbindet. Die Gespräche bestätigten außerdem, dass beide Länder sich dafür einsetzen, diese Prinzipien zu stärken und sie mit allen zur Verfügung stehenden Mitteln zu fördern, auf dass Allahs Wort überall gehört werde.«

Da Präsident Barre diese Passage streichen wollte, bat ich um ein neuerliches Treffen mit ihm. Es wurde mir gewährt, und ich sagte zu ihm: »Auch wir werden hinsichtlich dieser Erklärung eigene Überlegungen anstellen.«

»Heißt das, Sie ziehen Ihre Angebote zurück, die Hilfen und die Gründungs- und Bauvorhaben für Somalia?«, fragte er.

»Das liegt nicht in meiner Verantwortung. Es sind Geschenke von Shaikh Zayid bin Sultan Al Nahyan. Als er mich autorisierte, sie Ihnen anzubieten, knüpfte er keine Bedingungen daran«, erwiderte ich.

»Gut. Ich akzeptiere die Erklärung – wie sie ist – ohne Streichungen«, entschied er.

Besuch im Sudan

Um einer früheren Einladung des sudanesischen Präsidenten Ja'far Numairi nachzukommen, war vom 26. bis zum 30. Januar 1976 ein Besuch im Sudan geplant. Einen Tag vor unserer Abreise jedoch wurden Major Hassan Hussain Othman und 22 seiner Kollegen hingerichtet. Ihnen wurde eine Beteiligung am Militärputsch des 5. September 1975 zur Last gelegt, in den 195 Personen der sudanesischen Streitkräfte verwickelt waren.

Ich flog gleich am 26. Januar von Somalia nach Sharjah zurück. Den hiesigen Sudanern sagte ich: »Früher habt ihr zu Ehren eurer Gäste doch immer Kälber geschlachtet. Wie kommt es, dass ihr nun anlässlich meines Besuches Menschen abschlachtet?«

Interviews mit der Presse der VAE und Kuwaits

Ich hatte zahlreiche Interviewtermine mit der Presse. Das erste Interview gab ich zwei Zeitungen gleichzeitig: der kuwaitischen *al-Qabas* und der *al-Ittihād* aus den Emiraten. In den Zeitungen erschien es am nächsten Tag, dem 6. März 1976:

Frage: Euer Hoheit, die Geschichte der Emirate ist an einem entscheidenden Punkt angelangt. Welche Veränderungen werden nun auf das Land zukommen?

Antwort: Es ist in der Tat ein einzigartiges Ereignis in dieser Region, dass sich sieben Emirate nach Jahren der Spaltung und fehlenden Entwicklung zu einem Staat zusammenschließen. Innerhalb von nur vier Jahren seit unserer Vereinigung haben wir so viel erreicht! Selbst unsere Vorstellungen von einer Föderation haben sich verändert. Das geht so weit, dass einige sich wünschen, mit einem Schlag eine echte und vollkommene Einheit zu werden. Das verdanken wir unserer positiven Einstellung und unserer gegenseitigen Solidarität.

Wenn wir einen Blick auf unsere vorläufige Verfassung werfen, sehen wir, dass die Föderation mit dem Versuch begann, zwischen allen Standpunkten Brücken zu bauen, eine kluge und sachkundige Strategie zu entwickeln und ein Staatengebilde zu schaffen, das alle Emirate umfasst. Wenn dieses Experiment den eingeschlagenen Weg weiter verfolgt, blicken wir in eine verheißungsvolle Zukunft, nicht nur für uns, sondern für die gesamte Golfregion und die Nation der Araber.

Wir hier in unserem Land müssen noch stärker nach Einigkeit streben als alle anderen auf der Welt. Nicht alle arabischen Länder haben die gleichen Erfahrungen gemacht wie wir. Wir hoffen, dass die von uns angestrebte Eintracht sich auf die gesamte arabische Welt ausdehnt, vom Arabischen Golf [17] bis zum Atlantischen Ozean. Auch wenn es nur vier

---

[17] Gemeint ist die Wasserstraße, die vielfach als Persischer Golf bezeichnet wird.

Jahre sind – die Fortschritte, die wir in dieser Zeit gemacht haben, übersteigen die von vielen anderen Ländern.

Vor der Gründung unserer Föderation hatte keiner von uns Verpflichtungen dieser Art. Es war daher für uns alle eine neue und zugleich einzigartige Erfahrung. Die Welt sieht uns mit anderen Augen; unser Status in der internationalen Gemeinschaft hat sich gewandelt. Wir haben mit vielen Ländern diplomatische Beziehungen aufgenommen, sind vielen Organisationen beigetreten und nehmen an vielen Gesprächen teil.

Vorher hatten wir getrennte Verwaltungsapparate – jedes Emirat hatte seine eigenen Behörden, mit entsprechend begrenzten Zuständigkeiten und Ressourcen. Wäre dies so geblieben, hätte das den Fortschritt unserer Föderation behindert.

Die Erfahrung hat gezeigt, dass wir in mehreren Bereichen einen eklatanten Mangel an Fachleuten hatten. Und die Schaffung der Gesetze und Bestimmungen für diesen Staat nahm viel Zeit in Anspruch. Dennoch können wir heute mit Stolz sagen, dass wir für dieses Land ein passendes und solides Fundament gelegt haben. Viele Erfolge konnten wir bereits verbuchen, und wir streben noch viele weitere an.

Frage: Euer Hoheit, glauben Sie, dass es interne Streitigkeiten unter den Mitgliedern der Föderation, also den einzelnen Emiraten, gibt?

Antwort: Wie schon gesagt: Unser Volk war geteilt und ist heute geeint. Unser Land ist eine Einheit geworden und hat an Ansehen gewonnen. Die Menschen setzen große Hoffnungen in diese neu entdeckte Eintracht, weswegen wir nicht gewillt sind, uns zu Streitigkeiten hinreißen zu lassen. Unsere Konföderation unterscheidet sich von allen anderen; wir sind ein Volk, eine große Familie aus näheren und entfernteren Verwandten.

Wir haben festgestellt: Sharjahs Bürger wollen, dass ihrem Vorankommen keinerlei Hemmnisse in den Weg gelegt werden. Wir haben darauf positiv reagiert und die Eingliederung aller örtlichen Ämter in die jeweiligen Behörden, Institutionen und Ministerien des Bundes gefördert. Wir haben für die Bürger dieser Region und in ihrem Interesse gearbeitet.

Es gibt keine Auseinandersetzungen, wenngleich es immer einige Wenige gibt, die Zwietracht säen. Doch die Herrscher, meine Brüder, sind weitblickend, und eine Einigung ist wirklich möglich. Mit Gottes Willen wird das Volk bald die Früchte aller Anstrengungen ernten können, die zum Wohle dieses Landes nötig waren.

Frage: Wie steht es in Sachen Bundesarmee?

Antwort: Es wurde bereits ein Militärausschuss gebildet, in dem Kuwait, Saudi-Arabien und Jordanien vertreten waren, und der die Aufgabe hatte, die militärische Situation in den Emiraten umfassend zu untersuchen. Der Ausschuss hat seine Arbeit letztes Jahr beendet und seine Ergebnisse dem Obersten Rat vorgestellt. Die Herrscher haben in einem ersten Schritt ihre Zustimmung signalisiert. Eine genauere Untersuchung ist gerade im Gange, und sobald der zuständige Ausschuss eine endgültige Entscheidung getroffen hat, wird diese umgesetzt.

Wir alle werden sehen, dass die Gesamtheit aller Emirate daraus Nutzen ziehen kann.

Ein weiteres Interview gab ich der *Majalis* aus Kuwait und wiederum der *al-Ittihād* aus den Vereinigten Arabischen Emiraten. Es erschien am Freitag, dem 20. April 1976 in beiden Blättern. Auf die Frage, welche Fortschritte die Föderation mache, antwortete ich:

Die Gründung einer Föderation war etwas ganz Besonderes, weil sie unter Bedingungen stattfand, die nicht ideal waren. Das lag an den künstlichen Hemmnissen, die der Abzug der Kolonialmächte und die damals zutage tretenden Konflikte bewirkten.

In Sachen Fortschritt hat die Föderation bereits einen großen Sprung nach vorne gemacht. Dennoch brauchen wir noch viel mehr Erfahrung, was die Abläufe und Funktionsweise der Föderation angeht, sowohl intern als auch extern. Wir mussten uns der Tatsache stellen, dass wir keine Kenntnis davon hatten, wie innerstaatliche und außenpolitische Angelegenheiten auf Staatsebene abzulaufen haben. Unsere bisherigen Erfahrungen beschränkten sich auf die Ebene der Emirate; sobald es um Außenpolitik ging, kümmerten sich die Briten darum. Unsere neuen Erfolge in diesem Bereich sind nur dadurch möglich geworden, dass wir den Söhnen dieser Region – und ihren Herrschern – die Chance gaben, sich die nötige Praxis anzueignen.

Eine andere Frage zielte darauf, wie die vorhandenen heiklen Themen zu bewältigen wären. Ich antwortete: »Es ist nicht ungewöhnlich, dass bei der Behandlung von Staatsangelegenheiten unterschiedliche Ansichten vertreten sind. Einvernehmliche Vereinbarungen gehören ebenso wie Meinungsverschiedenheiten dazu, wenn am Ende der größte Nutzen für das Land erzielt werden soll. Außerdem kann man nicht erwarten, dass neue Erfahrungen ganz ohne negative Aspekte ablaufen. Die Einigung zwischen Ägypten und Syrien ist das beste Beispiel. Es ist daher nicht ungewöhnlich, dass zwischen Menschen, die vom Kolonialismus auseinandergerissen wurden, Differenzen auftauchen.«

Auf die Bitte, diesen Punkt weiter auszuführen, erläuterte ich: »Wie bei einer Zyste, die man erst entfernen kann, wenn sie sich an der Oberfläche manifestiert, können wir nur davon profitieren, wenn alle negativen Entwicklungen sichtbar werden. Dass die Europäer und andere hochentwickelte Staaten keine vergleichbaren negativen Erfahrungen machten, lag daran, dass dort bereits seit Jahren Gesetze existierten.«

Frage: Was können Sie über die vorläufige Verfassung sagen?

Antwort: Die Artikel der Verfassung waren vorher auf die verschiedenen Einrichtungen zugeschnitten. Das Innenministerium war eher eine Art »Autobahn-Verkehrsamt«. Heute hat sich das Bild gewandelt, das Innenministerium nimmt Gestalt an und regelt seine Angelegenheiten als tatsächliches Ministerium. Die meisten Emirate haben auch ihre Sicherheitskräfte mit denen des Staates zusammengeführt – zum Beispiel Fujairah und ʿAjman.

Am 16. April 1976 verkündete ich im Rahmen einer anderen Pressekonferenz:

Einigkeit ist unser Schicksal und der sehnliche Wunsch der Bürger dieser Region. Die kritischen Meinungen mancher Emirate zu bestimmten Themen in Bezug auf die Föderation sind nichts weiter als ein Beweis, dass sie sich die Zeit nehmen, über die Situation nachzudenken, damit wir den Weg unseres gemeinschaftlichen Fortschritts mit voller Kraft und ohne negative Haltungen beschreiten können. Ich möchte unterstreichen, dass solche Meinungen nicht mit einer Behinderung oder Ablehnung der Einheitsidee gleichzusetzen sind, wie einige das interpretieren. Vielmehr war es – von Anfang an – der ehrliche Wunsch der Mitglieder des Obersten Rates der Föderation, dass die unternommenen Schritte geeignet sein müssen, die Föderation auf feste Füße zu stellen.

In einem Interview mit dem Chefredakteur der kuwaitischen Zeitung *Sawt al-Khaleej* (Stimme der Golfregion) hob ich hervor, dass die endgültige Verfassung dazu beitragen werde, das Fundament der Föderation zu stärken, und dass sie unser Land von den weniger positiven Aspekten des vorhergehenden Stadiums befreien werde, »und das auf eine Art und Weise, die im Einklang mit den Wünschen unseres Volkes steht. Vom Einheitsgedanken unseres Volkes gehen wir nicht ab, vor allem in Anbetracht der Tatsache, dass die Bürger in letzter Zeit die Vorteile der Einheit zu schätzen gelernt haben.«

Besuch in Qatar

Nachdem Seine Hoheit Shaikh Khalifah bin Hamad al-Thani, Emir von Qatar, eine Einladung in seine Heimat ausgesprochen hatte, wurde ein offizieller Kurzbesuch arrangiert, zu dem wir am 1. Mai 1976 aufbrachen. Meiner Delegation gehörten dieses Mal an:

- Shaikh ʿAbdullah bin Muhammad al-Qasimi, Vorsitzender des Gerichtshofs (Emiri Diwan) von Sharjah;
- Shaikh Ahmad bin Sultan al-Qasimi, Justizminister;
- Shaikh Saʿud bin Khalid al-Qasimi, bevollmächtigter Gesandter des Außenministeriums;
- Shaikh Faisal bin Sultan al-Qasimi;
- Taryam bin ʿUmran bin Taryam, Botschafter der VAE in Kairo;
- ʿAbdul-Rahman Bukhater, Präsident von Sharjahs Nationalbank und
- Major ʿAli Fahd als Geleitschutz.

Wir erreichten Doha, die Hauptstadt von Qatar, noch am gleichen Tag und wurden vom Außenminister, Shaikh Suhaim bin Hamad al-Thani, sowie dem Minister für Kommunale Angelegenheiten, Shaikh Muhammad bin Jaber al-Thani, empfangen.

Gleich nach unserer Ankunft fand ein Treffen mit dem Emir von Qatar, Seiner Hoheit Shaikh Khalifah bin Hamad al-Thani, statt. Am Nachmittag besuchten wir das Nationalmuseum und wurden danach noch durch das Emirat geführt. Am Tag darauf verließen wir Doha wieder und flogen nach London, um von dort aus unser nächstes Reiseziel anzusteuern: die USA.

Besuch in Amerika

Die Idee eines Besuchs in den USA entstand nach einer Unterhaltung mit Dr. ʿEzzuddin Ibrahim, einem Berater von Shaikh Zayid bin Sultan Al Nahyan. Dr. Ibrahim erzählte mir von der »Nation of Islam«, einer amerikanischen Organisation, in der sich Menschen afrikanischer Herkunft zusammengeschlossen hatten und deren Mitglieder auf Weisung ihres Anführers, Elijah Muhammad, zum Islam konvertiert waren.

Der Name Elijah ist eine Ableitung des arabischen Ausdrucks *Aali al-Jah* (»vortrefflich, überragend«). Elijah Muhammad war sein muslimischer Name, den er nach seiner Konversion von Fard Muhammad, einem Pakistaner, erhalten hatte. Als Fard Muhammad dreieinhalb Jahre später verschwand, begann Elijah Muhammad, eigene Regeln aufzustellen und falsche Geschichten über den Islam zu erzählen. Er behauptete sogar, Gottes Bote zu sein und dass Fard Muhammad in Wirklichkeit der Erzengel Gabriel sei, der ihm den Qurʾan gebracht habe. Die weiße Rasse, erklärte er außerdem, sei mit dem Teufel gleichzusetzen. Nach dem Tod von Elijah Muhammad 1975 übernahm sein Sohn, Warith-Uddin, die Führung. Er hatte einen besseren Zugang zum Islam als sein Vater und wollte die religiöse Ausrichtung seiner Organisation wieder auf den richtigen Weg bringen.

Er machte sich allerdings Sorgen, dass einige Elemente innerhalb der Gemeinschaft ebenfalls einen Führungsanspruch erheben könnten, darunter Louis Farrakhan. »Daher entstand die Idee«, erläuterte Dr. ʿEzzuddin Ibrahim, »Sie könnten der Organisation einen Besuch abstatten, in der Hoffnung, dass dies Warith-Uddin darin unterstützen könnte, die Glaubensgrundsätze der Nation of Islam zurechtzurücken und die Mitglieder wieder zur wahren, richtigen Form des Islam zurückzuführen.« Ich war einverstanden mit dieser Mission und traf die nötigen Vorbereitungen für einen Besuch in den USA. Dr. Ibrahim sollte mich dann vor Ort treffen, sobald ich in den Staaten war.

Nach der Ankunft aus Qatar verbrachten wir eine Nacht in London und flogen am 3. Mai 1976 weiter nach Chicago. Als wir abends landeten, wurden wir von einer riesigen Menschenmenge begrüßt: 100.000 Mitglieder der Nation of Islam, angeführt von Warith-Uddin, empfingen uns am Flughafen. Es gab viel Händeschütteln, ich bekam einen Blumenkranz umgehängt und die *Allahu Akbar*-Rufe (»Gott ist groß«) der Muslime erfüllten die Gegend.

Auch Dr. ʿEzzuddin Ibrahim war da, sowie der Ingenieur Mostafa Moʾmin, der in Sharjah ein Ingenieursbüro besaß.

Die ganze Strecke vom Flughafen zu unserem Hotel war von Scharen von Muslimen gesäumt. Viele liefen neben der Wagenkolonne her, rechts neben meinem Wagen erkannte ich den Boxer Muhammad ʿAli (früher Cassius Clay) in der Menge.

Der riesige Menschenauflauf wirkte sich auch auf den Verkehr aus, und es gab stundenlange Staus. Am nächsten Tag war in der Presse zu lesen, dass viele Leute alles andere als begeistert über die Verkehrsbehinderungen waren.

Für den Abend unserer Ankunft war in meinem Hotel ein Treffen mit Warith-Uddin Muhammad geplant. ʿEzzuddin Ibrahim, der ebenfalls an dem Treffen teilnehmen sollte, war bereits vor mir da. Als Warith-Uddin eintraf, sagte Dr. ʿEzzuddin Ibrahim zu ihm: »Ich habe Seiner Hoheit gerade von der Nation of Islam erzählt.«

»Mein Vater erfuhr durch den Laienprediger Fard Muhammad vom Islam«, begann Warith-Uddin, »und mein Vater hat diese religiöse Gemeinschaft gegründet. Ich jedoch habe schon früh bemerkt, dass einige der Lehren gegen den gesunden Menschenverstand verstießen. Und nun bitte ich Euch, Shaikh Sultan, mir den Weg zu bereiten, damit ich die nötigen Änderungen verkünden kann.« Ich war einverstanden und wir verabredeten uns für den folgenden Tag.

Am 4. Mai 1976 besuchten wir den Sitz der Nation of Islam, um einen Eindruck von den Aktivitäten der Gruppe zu gewinnen. Während wir von einem Raum zum nächsten gingen, schallte uns auf den Gängen der Gruß des Islam entgegen: *Assalamu alaikum wa rahmatullahi wa barakatuh* (Friede sei mit dir und Gottes Erbarmen und Sein Segen).

Nachmittags besuchten wir die Gläubigen in ihrer Moschee. Das Gebäude, das in einer der berühmtesten Straßen Chicagos stand, war einmal eine Kirche gewesen, die von der Organisation aufgekauft und in ein islamisches Gebetshaus verwandelt worden war. Wir waren überrascht, dass ihr Gotteshaus keine Moschee im traditionellen Sinne war, sondern äußerlich weitgehend den Kirchencharakter bewahrt hatte. Es gab Sitzreihen, in denen die Männer und Frauen der Nation of Islam nebeneinander saßen. Auf dem Podest standen rechtwinklig angeordnete Sitzbänke, auf denen wir Platz nahmen. Immer wieder hallten *Allahu Akbar*-Rufe durch den Raum.

Ein Student der Universität von Chicago, der aus dem Sudan stammte, übernahm die Rolle des Moderators und begann die Veranstaltung mit den Worten »Heiliger Qur'an«. Dann trat einer der Anwesenden vor und rezitierte die erste *Surah* (Koran-

sure). Als er beim letzten Wort angelangt war, rief der ganze Saal
»Amen«.

Danach leitete der Moderator zu meiner Rede über. Deren Inhalt hatte ich am Abend zuvor mit Warith-Uddin Muhammad
abgesprochen, denn ich sollte ihm ja helfen, die erforderlichen
Änderungen einzuführen. Ich sollte sagen, dass Elijah Muhammad ein muslimischer Imam war, der von ihnen gegangen war,
bevor er die gesamte Lehre des Islam vermitteln konnte. Diese
Aufgabe würde nun von seinem Sohn und Nachfolger Warith-
Uddin Muhammad in Angriff genommen. Ich begann meine
Rede mit der Begrüßungsformel, die laut und einstimmig erwidert wurde. Dann fuhr ich fort: »Liebe muslimische Glaubensbrüder und -schwestern, wir sind Muslime aus dem Osten. Wir
haben die Ozeane überquert und sind hierhergekommen, um
euch mit den offenen Armen der Brüderlichkeit zu begrüßen.
Euer Blut ist ebenso heilig und ebenso unantastbar wie unseres,
wie auch eure Seelen und eure Ehre. Bei Allah, wann immer ihr
uns um Hilfe anruft, werdet ihr uns an eurer Seite finden.«

Daraufhin hallte der Saal von unzähligen *Allahu Akbar*-Rufen
wider, und Warith-Uddin eilte zu meinem Platz und versuchte,
meine Hand zu küssen, die ich ihm jedoch entzog. Dann fiel er
mir um den Hals und ich musste ihn umarmen, da er schluchzte –
was alle hören konnten, weil das Mikrofon ganz in der Nähe
stand. Immer wieder rief die Gemeinde *Allahu Akbar*. Ich war
höchst erfreut, weil ich dachte, sie jubelten mir zu, aber dann be-
merkte ich, dass das gar nicht der Fall war. Die Gläubigen riefen
Allahu Akbar wegen etwas, das Elijah Muhammad einmal gesagt
hatte. Etwas, das er vorhergesagt hatte, schien eingetreten zu
sein, und meine Rede hatte die Sache nur noch offensichtlicher

gemacht: Elijah Muhammad hatte seinen Anhängern prophezeit, Gott werde den Muslimen Amerikas einen Boten aus dem Osten schicken, und als ich meine Rede hielt, gingen sie davon aus, ich sei die Erfüllung dieser Prophezeiung!

Als Warith-Uddin nun das Wort ergriff, bat er mich, mich neben ihn zu stellen. Er sagte: »Meine lieben Brüder und Schwestern, unser Islam ist kein vollständiger Islam. Der vollständige und wahre Islam ist der jenes Shaikhs.« Er hob meine Hand und fuhr fort: »Mein Vater war kein Bote Gottes. Er war nichts weiter als ein muslimischer Imam. Was Fard Muhammad betrifft, so war er einfach nur ein Mensch aus Pakistan, mit dem dieser Shaikh hier telefoniert haben könnte, vor euch allen.« Ich fand seine Worte seltsam, denn ich hatte noch nie von dieser Person gehört.

Warith-Uddin fügt hinzu: »Meine Glaubensbrüder und -schwestern, erneuert euren Islam mit mir und sprecht die Worte nach: Ich bezeuge, dass es keinen Gott außer Allah gibt und dass Muhammad bin 'Abdullah bin 'Abdul-Muttalib, der in Arabien geborene Araber, der Bote Allahs ist.« Sie befolgten seine Anweisung und wiederholten den Satz. Wieder füllten *Allahu Akbar*-Rufe den Raum, und das hörte erst auf, nachdem Warith-Uddin sie gebeten hatte, den Rest seiner Rede anzuhören.

»Wir werden nun in den Hof der Moschee hinausgehen, um das *Maghrib* zu beten. Jene, die wissen, wie das *Salah* gebetet wird, sollen mit uns gehen; jene, die es nicht wissen, sollen es uns nachtun oder uns zusehen«, verfügte er.

Die Ausrichtung der *Qiblah* (Gebetsrichtung nach Mekka) war vorgegeben, und die Gemeinschaft stellte sich in Reihen auf, um zu beten. Dr. 'Ezzuddin Ibrahim drängte mich, das Gebet anzuleiten, und ich versuchte ihn zu bewegen, es selber zu tun.

Da sagte er: »Ich kann das nicht übernehmen. Für sie bin in der Teufel, weil ich hellhäutig und blond bin!«

»Heute ist ein neuer Tag, und alles hat sich geändert«, sagte ich zu ihm. Während wir mit Dr. 'Ezzuddin Ibrahim als unserem Imam beteten, donnerte seine laute Rezitation des Qur'an durch die Lautsprecher und lockte jede Menge Leute an, die aus den Straßen der Umgebung zur Moschee strömten. Sie kletterten über die Mauern des Innenhofs der Moschee, um zuzusehen, wie wir mitten in Chicago, an einer der belebtesten Straßen, das *Salah* beteten.

Am Abend des 5. Mai 1976, meinem letzten Abend in Chicago, hörte ich laute Stimmen an der Tür meiner Hotelsuite. Ich ging hinüber, um nachzusehen, was los war. Der groß gewachsene junge Mann namens Bilal Ajeeb, den die Nation of Islam zu meinem Schutz an meiner Tür postiert hatte, teilte mir mit, da seien zwei Männer, die mich sprechen wollten, und einer von ihnen trage eine Waffe! Ich sagte ihm, er solle sie hereinlassen.

»Jim Jones schickt uns, der Gründer und Leiter des Peoples Temple«, sagte einer der beiden. »Er hat 1974 das Siedlungsprojekt Jonestown gegründet, um einen neuen sozialistischen Garten Eden auf Erden zu erschaffen. Er meidet die Medien, weil die nur Schwierigkeiten machen. Und er meint, dass das, was er tut, möglicherweise eine Form des Islam sein könnte. Deswegen bittet er Sie, ihn zu besuchen und ihn auf den rechten Pfad zu führen.«

»Ich bin Warith-Uddin Muhammads Gast. Wenn er Ihrer Bitte nachkommen möchte, werde ich mich Ihrer Angelegenheit annehmen«, antwortete ich.

Zwei Jahre später, im November 1978, flog der US-Kongress-abgeordnete Leo Ryan als Leiter einer Aufklärungsmission nach

Jonestown in Guyana, um möglichen Menschenrechtsverstößen durch Jones auf den Grund zu gehen. Ryan und einige der Mitreisenden wurden von Jones' »Roter Brigade« am Flughafen von Georgetown umgebracht. Unmittelbar nach diesem Blutbad gelang es Jim Jones, über 900 seiner Anhänger zu überreden, sich selbst und auch ihren Kindern mithilfe von Zyanid das Leben zu nehmen. Es war der größte kollektive Selbstmord in der Geschichte der USA. Ich frage mich bis heute, ob ich, wenn ich diesen vollkommen gestörten Mann besucht hätte, etwas für ihn hätte tun können.

Ein muslimischer Bruder!

Am 6. Mai 1976 flogen wir von Chicago nach San Francisco, wo mir die Ehre zuteil wurde, vom Bürgermeister die Schlüssel der Stadt überreicht zu bekommen. Danach besuchten wir das California College und verbrachten die Nacht dort, um am nächsten Morgen nach Jacksonville weiterzureisen.

Unterwegs legten wir einen Zwischenstopp in Nashville ein: Der Gouverneur von Tennessee hatte uns zum Mittagessen in sein Haus eingeladen. Während wir bei Tisch saßen und eine junge Frau uns mit Harfenmusik unterhielt, trat ein afro-amerikanisch aussehender Mann von hinten an meinen Stuhl heran, stellte einen Teller vor mir ab und flüsterte 'Assalamu alaikum wa rahmatullahi wa barakatuh'.

Dieser Mann hatte mein Interesse geweckt, und während ich ihn beobachtete, wie er im Raum hin- und herging, ließ ich es an Aufmerksamkeit für unseren Gastgeber fehlen. Dem Gouverneur entging dies nicht und er fragte mich: »Ich sehe, Sie

interessieren sich für diesen Angestellten. Ist irgendetwas vorge-
fallen?«

»Nein«, antwortete ich.

»Dieser Hausangestellte verbüßt gerade die letzten Tage einer
fünfzehnjährigen Haftstrafe, zu der er wegen eines Tötungsdelik-
tes in einer Bar verurteilt wurde. Vor einiger Zeit habe ich, wie in
diesem Bundesstaat üblich, beim Gefängnis um einen Hausange-
stellten nachgefragt, und sie empfahlen mir diesen Mann als an-
ständige Person. Er arbeitet jetzt seit einem halben Jahr für mich.
Er wird morgens vom Gefängnis hergebracht und abends wieder
abgeholt. In den ganzen sechs Monaten hier hat er sich nie einer
Anweisung widersetzt, nie seine Stimme erhoben, wurde nie
beim Herumschnüffeln erwischt und hat nie auch nur einen
Cent oder ein Schmuckstück angefasst. Und wissen Sie warum?
Weil die muslimischen Gefangenen ihn als ihren Anführer ansehen!«, erläuterte der Gouverneur.

»So schickt es sich für einen Muslim«, erwiderte ich.

Nach dem Essen reihten sich die anderen Gäste an der Haus-
tür des Gouverneurs auf, um sich von mir zu verabschieden. Der
besagte Angestellte eilte voraus, um mir die Tür aufzuhalten. Ich
hielt ihn am Arm fest und schüttelte zuerst ihm die Hand, bevor
ich mich von den Honoratioren verabschiedete. Dies schien den
Gouverneur zu verärgern. Im Auto auf dem Weg zum Flughafen
saß er neben mir und sagte tadelnd: »Sie haben sich von den geladenen Gästen abgewandt und all Ihre Aufmerksamkeit diesem
Angestellten gewidmet!«

»Er ist mein muslimischer Bruder«, sagte ich.

»Sie sind der Stammesfürst eines Landes, er ist nur ein Arbeiter«, gab der Gouverneur zu bedenken.

»Der Islam macht uns gleich«, entgegnete ich.

»Erzählen Sie mir etwas über den Islam«, bat er.

»Der beste Ansprechpartner hierfür ist eben jener Angestellte aus dem Gefängnis«, war meine Antwort.

Von Nashville reisten wir weiter nach Jacksonville, wo wir im Hause eines Freundes übernachteten, dem zahlreiche Ölgesellschaften in den USA und anderswo gehörten. Mr Mason hatte uns sein Privatflugzeug zur Verfügung gestellt, mit dem meine Delegation und ich von Sharjah nach Doha, dann weiter nach London, von da in die verschiedenen US-amerikanischen Städte und schließlich wieder zurück nach Sharjah flogen. Masons Haus war herrlich. Es stand am Ufer eines breiten Flusses.

Am 8. Mai 1976 flogen wir nach New York, wo ich am folgenden Tag David Rockefeller besuchte, der damals Präsidentschaftskandidat war. Am 10. Mai traf ich mich mit dem Botschafter der VAE in Washington, Saeed Ghubash, sowie einigen anderen arabischen Botschaftern. Außerdem standen Treffen mit Alfred Atherton, dem stellvertretenden Außenminister für den Nahen Osten und Südasien, und meinem Freund arabisch-libanesischen Ursprungs, Senator James Abu Rizq, auf dem Programm. Tags drauf saßen wir wieder im Flieger. Von Washington aus ging es mit einem nächtlichen Zwischenstopp in Belgien am 12. Mai 1976 weiter nach Kairo.

Jawaher

Am 14. Mai 1976, einem Freitag, traf ich mich mit Jawaher, der Tochter meines Cousins, in Kairo. Jawaher bint Muhammad bin Sultan al-Qasimi studierte Kunst an der Universität von

Kairo. Ich machte ihr einen Heiratsantrag, und sie sagte mir, ich solle mit ihrem Vater sprechen. Also flog ich am 16. Mai nach Sharjah, um am nächsten Tag mit Jawahers Vater zu sprechen. Ich bat ihn um die Hand seiner Tochter und er willigte ein. Die Hochzeit fand am 22. Juli 1976 in London statt. Wir bekamen drei Töchter – Budoor, Noor und Hoor – und einen Sohn, Khalid. Jawaher hat mich immer unterstützt und war mir in schweren Zeiten stets eine treue Gefährtin und große Hilfe. Und das ist sie bis heute.

7

Zayids Rücktritt

Als ich am 16. Mai 1976 von meinem Ägypten-Aufenthalt nach Sharjah zurückkehrte, wurde ich am Flughafen von einer großen Menschenmenge empfangen. Sie überbrachten mir die Erfolgsmeldung, dass die – von mir bereits seit längerem eingeforderte – Fusion der verschiedenen Streitkräfte der Vereinigten Arabischen Emirate abgeschlossen sei. Während ich noch in den USA weilte, hatte der Oberste Verteidigungsrat am 6. Mai 1976 die Zusammenführung aller Streitkräfte unter ein Oberkommando und eine Flagge bekanntgegeben.

Nach der Sitzung des Obersten Rates, die an jenem Tag unter dem Vorsitz von Präsident Zayid bin Sultan Al Nahyan stattfand, wurde verkündet, dass diese Fusion als einer der Schritte zur Konsolidierung der Föderation aufzufassen sei und für mehr Sicherheit und Stabilität innerhalb der Föderation sorge, mit dem Ziel, die Hoffnungen und Wünsche des Volkes zu verwirklichen. Kraft des Beschlusses des Obersten Verteidigungsrates[18]

---

[18] Festgeschrieben in Art. 141 der Verfassung: »Es ist ein Oberster Verteidigungsrat zu gründen, der vom Präsidenten der Föderation zu leiten ist.«

sollten alle Streitkräfte der VAE zu Lande, zu Wasser und in der Luft unter einem gemeinsamen Oberkommando zusammengefasst werden, dem Generalkommando der Vereinten Streitkräfte.

Die vom Verteidigungsrat formulierte Erklärung legte außerdem die Gründung der Generalstabsführung für eine Reihe von Regionen fest, insbesondere für die westliche Militärregion, die Zentralregion, die Nordregion und die Yarmouk-Brigade, die alle Streitkräfte der Föderation in Sharjah und Umm al-Quwain umfassen sollte. Darüber hinaus wurde der Führungsstab der Luftstreitkräfte, der Marine und der wichtigsten Ausbildungseinrichtungen bestimmt.

Die Führung der Streitkräfte und deren Verantwortungsbereiche wurden wie folgt festgelegt: Der Staatspräsident übernimmt die Rolle des Oberbefehlshabers der Streitkräfte (zu Lande, zu Wasser und in der Luft). In seiner Abwesenheit fällt diese Aufgabe dem Vizepräsidenten zu. Der stellvertretende Oberbefehlshaber der Streitkräfte ist, zusammen mit dem Verteidigungsminister, direkt dem Staatspräsidenten unterstellt; sie sind verantwortlich für die Führung der Truppen, deren militärische Ausrüstung, die Durchführung von Operationen zur Verteidigung des Staates und zum Schutz der Integrität des nationalen Territoriums, Luftraums und der territorialen Gewässer vor jeglicher Aggression von außen sowie für die Aufrechterhaltung der Sicherheit, Stabilität und Einheit des Staates.

Seine Hoheit Shaikh Zayid bin Sultan Al Nahyan, Staatspräsident und Vorsitzender des Obersten Verteidigungsrates, verabschiedete ein Dekret, das die Kompetenzen des Generalstabschefs definierte und ihn zum Berater des Staatspräsidenten in militärischen Angelegenheiten machte.

Kraft dieses Dekrets oblag es dem Generalstabschef, die Beschlüsse des Obersten Verteidigungsrates umzusetzen, die dafür
nötigen Anweisungen und Instruktionen zu erteilen, die Maßnahmen zur Beschaffung von Rüstungsgütern und sonstiger Ausstattung zu planen, für die Weiterentwicklung der Streitkräfte zu
sorgen, die hierfür notwendigen finanziellen Mittel zu beantra-
gen und diesen Antrag dem Verteidigungsminister zur Entscheidung vorzulegen, die nötigen Maßnahmen zur Organisation und
Fortbildung der Streitkräfte zu ergreifen, damit sie in der Lage
waren, den Staat zu verteidigen, die Kampfbereitschaft der Streitkräfte sicherzustellen und ihre Verteidigungskompetenz maximal
auszubauen, die Offizierskader und andere Führungskräfte auf
ihre Verantwortung in allen Abteilungen der Streitkräfte vorzubereiten und schließlich, den Staat in allen Konferenzen der Arabischen Liga oder anderen militärisch relevanten außenpolitischen Treffen zu repräsentieren.

Shaikh Khalifah bin Zayid Al Nahyan wurde zum stellvertretenden Oberbefehlshaber der Streitkräfte ernannt. Nach einer
Sitzung mit dem Obersten Verteidigungsrat erließ der Staatspräsident eine entsprechende Bundesanordnung. Shaikh Khalifah
wurde mit der Umsetzung der Beschlüsse des Obersten Verteidigungsrates im Hinblick auf die Organisation, Bewaffnung,
Bereitstellung und Ausstattung der Streitkräfte betraut.

In seiner Erklärung sprach Staatspräsident Shaikh Zayid bin
Sultan Al Nahyan von der historischen Bedeutung des Zusammenschlusses der Streitkräfte der Vereinigten Arabischen Emirate. Einige wesentliche Teile seiner Rede möchte ich im Folgenden wiedergeben:

Mit Geduld und Beharrlichkeit und mithilfe der Bemühungen der geehrten Mitglieder des Obersten Verteidigungsrates ist es uns zu diesem historischen Zeitpunkt gelungen, einen von uns allen lange gehegten Traum in Erfüllung gehen zu lassen. Wir werden keine Mühen scheuen, um diese Föderation zu konsolidieren und ihren Fortschritt und ihre Stabilität zu fördern. Wir hatten uns immer die Gründung einer Föderation erhofft, die uns alle zusammenbringt, die unsere Blutsbande stärkt und uns noch enger an unsere Nachbarn bindet, damit wir den Lebensstandard unseres Volkes erhöhen und all seine Hoffnungen erfüllen können. Seit der Gründung der Föderation vor fünf Jahren ist es uns mit Gottes Hilfe gelungen, die notwendigen Erfahrungen zu machen und unendlich wertvolle Lektionen zu lernen, die uns in die Lage versetzt haben, bei unserem Marsch in Richtung Zukunft den richtigen Weg einzuschlagen. In jedem Land ist der Aufbau der Streitkräfte eine hochangesehene und lebenswichtige Aufgabe. Aus diesem Grunde war es unumgänglich, die verschiedenen Divisionen der Streitkräfte der VAE zusammenzuführen.

Die hochverehrten Mitglieder des Obersten Rates der Föderation haben sich dieser Herausforderung erfolgreich gestellt und ihre Fähigkeit bewiesen, gemeinsam Verantwortung zu tragen, im vollen Bewusstsein der Last, die auf ihren Schultern ruht. Mit offenen Armen haben sie alle Zwischenstadien auf dem Weg zu einer starken, fortschrittlichen und solidarischen Föderation begrüßt. Damit können wir einen weiteren großartigen Erfolg auf der Liste unserer Errungenschaften und Zugewinne verbuchen — für uns und für alle Menschen unseres geliebten Landes.

Mit harter Arbeit und Beharrlichkeit werden wir alle Bemühungen der beteiligten Regierungsstellen unterstützen. Dies ist für uns in unserer Führungsrolle unsere Pflicht und unsere Verantwortung gegenüber dem Volk. Auf diese Weise profitieren wir auch von den Erfahrungen und Errungenschaften unserer arabischen Brüder und anderer uns wohlgesonnener Staaten. Dabei genügt es nicht, dem Beispiel unserer Brüder zu folgen, sondern wir müssen die Fehler und Pannen umgehen, auf die sie gestoßen sind. Was wir brauchen, sind positive Entwicklungen, damit wir in allen Bereichen vorankommen.

In Bezug auf den zuvor erfolgten Zusammenschluss der Polizeikräfte sagte Seine Hoheit:

Die Polizei ist einer der Eckpfeiler für die Stabilität und Sicherheit in diesem Land. Die Vereinigung unserer Polizeitruppen ist uns schon gelungen, und nun, am heutigen Tage, fügen wir einen weiteren Trumpf hinzu, der unser Land sicherer und unsere Sicherheit verlässlicher macht: unsere Streitkräfte. Polizei und Heer sind die beiden Arme unserer Nation: Fehlt einer, ist der andere schwach; sind aber beide da, stark und vereint, werden die Leute spüren, dass ihr Leben, ihre Ehre und ihr Wohlstand angemessen beschützt werden.

Bisher waren wir in vielen verschiedenen Bereichen von den Erfahrungen anderer abhängig. Aber wir wissen, wie wichtig und nötig Bildung für unsere Kinder ist, da wir sie so dringend brauchen. Trotz der kurzen Zeitspanne, die seit der Gründung der Föderation vergangen ist, haben wir es geschafft, unsere personellen Mittel auf bestmögliche Weise in vielen staatlichen Organisationen einzusetzen. Die Hingabe und Loyalität, mit der unsere Kinder ihre Pflichten gegenüber unserer Heimat erfüllen, ist beispielhaft.

Seine Hoheit schloss seine Rede mit den Worten: »Werte Hoheiten, die Mitglieder des Obersten Rates der Föderation haben bereits viele Schwierigkeiten überwunden und ihre Verantwortlichkeiten auf bewundernswerte Weise geschultert, voller Ernsthaftigkeit, zielstrebig und klar. Alle sind fest entschlossen, in allen Bereichen an der Verwirklichung der Hoffnungen und Träume der Menschen weiterzuarbeiten.«

Die Reaktionen auf den historischen Beschluss, die Streitkräfte zusammenzulegen, waren ausgesprochen positiv. Sowohl die offiziellen Behörden als auch die Öffentlichkeit begrüßten die Entscheidung und bezeichneten sie richtungsweisenden Schritt auf dem Weg zur föderalen Einheit.

Einheit als nationales Bedürfnis

In einem Interview, das am 27. Mai 1976 in der Zeitschrift *Manar al-Islam* erschien, äußerte ich mich unter anderem auch zu diesen bahnbrechenden Entwicklungen:

Jeder strebt nach Einheit. Für kleine Entitäten ist zwischen großen Nationen kein Platz. Wir arbeiten darauf hin, unsere Föderation zu stärken, indem wir die Einheitsidee verbreiten, für ihren Nutzen werben und alle ermutigen, Differenzen und Uneinigkeit zu überwinden. Alle existierenden Entitäten müssen zu einer Nation verschmelzen, damit wir im Interesse der allgemeinen Öffentlichkeit tätig werden können und nicht mehr nur zum Wohle einzelner Personen.

Sharjah zum Beispiel interagiert als Teil der Vereinigten Arabischen Emirate mit der Föderation und spielt, für alle klar ersichtlich, eine wichtige Rolle. Wir waren sowohl im institutionellen als auch im öffentlichen Bereich für die Umsetzung der Föderation aktiv. Die meisten unserer regionalen Behörden sind bereits in den jeweiligen Institutionen des Bundes aufgegangen, und das ist nur ein Teil von Sharjahs Engagement für die Föderation.

Auf die Frage, wie die durch die Erdölförderung erzielten Gewinne mit dem Bewahren unseres islamischen Erbes und unserer Werte in Einklang gebracht werden können, antwortete ich: »Wenn der Reichtum, den das Öl uns bringt, klug verwendet wird, verfügen wir über die finanziellen Mittel, um den Lebensstandard des Volkes anzuheben. Unsere islamischen Wertvorstellungen werden dadurch nicht schwächer werden oder sich auflösen, vor allem dann nicht, wenn wir unser Erbe aktiv bewahren und dafür sorgen, dass unsere Kinder damit aufwachsen. Auf diese Weise kann das Öl unserem kulturellen Erbe nützlich sein und uns zu großen Erfolgen verhelfen.«

Zum Thema bilaterale Beziehungen zwischen den VAE und dem Ausland sagte ich: »Die Vereinigten Arabischen Emirate sind loyal und großzügig zu ihren Freunden und verhalten sich auch gegenüber allen anderen Ländern so. Den Stand, den unsere internationalen Beziehungen mittlerweile erreicht haben, kann ich nur loben.«

Auch der Schutz unserer Jugend vor atheistischen Strömungen wurde angesprochen, woraufhin ich erklärte: »Wenn der Verstand unserer Jugend mit Wissen gefüttert wird, so dass er nicht träge werden kann, kann kein verzerrter Gedanke den Geist unserer jungen Menschen beherrschen. Wir hier in unserer arabisch-islamischen Welt sind Menschen mit Prinzipien und einem starken Glauben, der auf göttlicher Offenbarung basiert; dagegen sind alle vom Menschen gemachten Dogmen machtlos.«

In diesem Zusammenhang wies ich auf die Bedeutung der islamischen *Da'wa* (Einladung, sich mit dem Islam zu beschäftigen) hin: »Drei Dinge sind nötig, um in dieser Hinsicht die erforderlichen Ziele zu erreichen: kompetente Männer mit entsprechender Erfahrung, die sich ernsthaft um die Belange der *Da'wa* bemühen, ein angemessener Einsatz von Massenmedien im Dienste der *Da'wa* und eine Förderung der Bereitschaft zu einem kollektiven, engagierten Einsatz zum Wohle der islamischen *Da'wa* für unsere Kinder in Schulen und Kindergärten.«

Die Verfassung der Vereinigten Arabischen Emirate

Die vorläufige Verfassung war am 18. Juli von allen Herrschern der Emirate ratifiziert worden – mit Ausnahme des Herrschers von Ra's al-Khaimah: Seine Hoheit Shaikh Saqr bin Muhammad al-Qasimi enthielt sich in dem Glauben, für sein Land zuerst bessere Bedingungen aushandeln zu können. Aus diesem Grund wurde Artikel 152 in die Verfassung aufgenommen, der besagte: »Diese Verfassung tritt an jenem Tag in Kraft, der in einer Erklärung festgelegt wurde, welche die Unterzeichner der Verfassung erarbeitet haben.« Besagte Erklärung wurde am 2. Dezember 1971 in Dubai proklamiert. Ra's al-Khaimah trat der Föderation schließlich am 10. Februar 1972 bei, und seine Aufnahme als Mitgliedsstaat der VAE implizierte die Anerkennung der vorläufigen Verfassung.

Am 21. Februar 1976 trat der Oberste Rat zusammen, um über den Bericht des Gründungsausschusses zu beraten, der mit der Ausarbeitung des Entwurfs der endgültigen Verfassung betraut worden war. Der Oberste Rat erteilte dem Ausschuss den Auftrag, bis zum 9. März 1976 die Verfassung in ihrer endgültigen Form vorzulegen. Außerdem wies der Oberste Rat den Nationalrat der Föderation an, für die Erörterung der endgültigen Verfassung eine Sondersitzung einzuberufen.

In der März-Sitzung des Oberste Rates wurden die vom Gründungsausschuss vorgebrachten Änderungsanträge angenommen und damit konnte dem Nationalrat die endgültige Verfassung vorgelegt werden. In der zu diesem Zwecke einberufenen Sondersitzung wünschten einige Mitglieder die Ergänzung der Verfassung um eine Reihe von Artikeln. Zu den markantesten Vorschlägen zählte ein Artikel, der dem Nationalrat legislative Kompetenzen zusprechen wollte, und ein anderer, der der Bundesregierung die vollkommene Souveränität über alle regionalen Belange in allen Emiraten verliehen hätte. Einige Mitglieder begannen daraufhin, mit falschen Informationen an die Öffentlichkeit zu treten – sie behaupteten zum Beispiel, bestimmte Herrscher legten dem neuen Verfassungsentwurf Steine in den Weg – und standen den Änderungsvorschlägen ablehnend gegenüber.

In Anbetracht dieser Situation sah ich mich genötigt, auf die Gerüchte zu reagieren, und wandte mich an die Presse. Am 16. April 1976 gab ich zu Protokoll:

Einheit ist unser Schicksal und unsere innigste Hoffnung. Niemand ist gegen die Zusammenführung und Konsolidierung der föderativen Institutionen. Der Standpunkt, den einige Emirate hinsichtlich bestimmter Themen der Föderation einnehmen, ist rein hypothetisch. Auch sie haben den Wunsch, unser Fortschreiten möge geradlinig, klar und frei von negativen Einstellungen sein. Somit sind diese Standpunkte keine Hindernisse oder Zeichen der Ablehnung, wie manche das nennen mögen. Sie sind vielmehr Ausdruck des ehrlichen Anliegens vonseiten der Mitglieder des Obersten Rates, dass die nächsten Schritte angemessen und wohldurchdacht sein sollen. Der aktuelle Entwurf der endgültigen Verfassung wird die Föderation in ihren Grundfesten stärken und alle negativen Aspekte werden der Vergangenheit angehören.

Am Montag, dem 12. Juli 1976, trat der Oberste Rat zusammen, um über den Entwurf der endgültigen Verfassung zu beraten. Grundsätzlich standen drei Optionen zur Wahl: Erstens, den Verfassungsentwurf in der Version zu billigen, wie sie vom Gründungsausschuss vorgelegt worden war, und die Änderungsvorschläge des Nationalrats abzulehnen. Dies könnte jedoch von den Bürgern negativ aufgefasst werden und zu Unmutsäußerungen gegenüber den Herrschern führen. Zweitens, den Entwurf des Ausschusses um die vom Nationalrat vorgeschlagenen Änderungen zu erweitern. Dies hätte wiederum eine Behinderung (wenn nicht sogar Aussetzung) der landesweiten Maßnahmen zur Folge, vor allem, wenn man bedenkt, dass einige der vorhandenen Institutionen und Behörden regional, andere hingegen national agierten und dass die Behörden der einzelnen Emirate noch nicht über genügend Fachwissen verfügten, um effizient zu funktionieren. Die dritte Möglichkeit war, die Gültigkeitsdauer der vorläufigen Verfassung zu verlängern.

Der Oberste Rat der VAE einigte sich einstimmig auf die dritte Option. Die daraus abgeleitete Verfügung besagte: »Am heutigen Montag, dem 12. Juli 1976, hat der Oberste Rat der Föderation beschlossen, die vorübergehende Gültigkeitsdauer der vorläufigen Verfassung der VAE um weitere fünf Jahre ab dem 2. Dezember 1976 zu verlängern.«

Shaikh Zayid tritt zurück

Anfang August 1976 machte in der Bevölkerung die Nachricht die Runde, Shaikh Zayid werde als Präsident der Föderation zurücktreten. Diese Information stammte aus der Bahrainischen Zeitung *Akhbar al-Khaleej* (Golf-Nachrichten), deren Chefredakteur am 31. Juli mit Seiner Hoheit Shaikh Zayid gesprochen hatte. Shaikh Zayid wurde dahingehend zitiert, dass er nach dem Ende seiner Amtszeit als Präsident der VAE im Dezember 1976 für keine weitere Amtszeit zur Verfügung stehe. Die Zeitung gab an, dies entspräche einem Beschluss, den der Oberste Rat der Föderation in seiner letzten Sitzung am 12. Juli gefasst habe – derselben Sitzung, in der auch entschieden wurde, den Status der vorläufigen Verfassung um den entsprechenden Zeitraum zu verlängern. Shaikh Zayids Entscheidung löste allenthalben Verwunderung aus, bei ranghohen Staatsdienern genauso wie bei uns Mitgliedern des Obersten Rates.

Es entsprach ganz offensichtlich nicht der Wahrheit, dass Präsident Zayids Ablehnung einer zweiten Amtszeit auf einem Beschluss des Obersten Rates beruhte, der in der Sitzung vom 12. Juli gefallen sein sollte. Während dieser Sitzung wurde überhaupt nicht über einen möglichen Rücktritt Seiner Hoheit gesprochen. *Akhbar al-Khaleej* hätte schreiben müssen, dass Shaikh Zayid im Obersten Rat von sich aus beschlossen hatte zurückzutreten und dieser Entschluss mit der Verlängerung der vorläufigen Verfassung zu tun hatte.

Hätte die Zeitung sich korrekt ausgedrückt, wäre klar geworden, dass Shaikh Zayids Entschluss in erster Linie auf die ablehnende Haltung verschiedener Ratsmitglieder zum Entwurf der endgültigen Verfassung zurückzuführen war – ein Entwurf, in den Shaikh Zayid persönlich viel Arbeit investiert hatte und der ihn als Präsidenten mit den nötigen Befugnissen ausgestattet hätte, um die umfangreichen Verantwortlichkeiten als Staatsoberhaupt übernehmen zu können. In dieser Phase standen die Mitglieder des Obersten Rates untereinander in ständigem Kontakt, um die politische Krise einzudämmen. Trotzdem titelte die Zeitung *al-Ittihād* am Mittwoch, dem 4. August, auf der ersten Seite: »Zayid bekräftigt Rücktrittsabsichten. Quellen bestätigen, dass der Staatspräsident eine zweite Amtszeit unter den gegebenen Umständen ausschließt.«

Am nächsten Tag (Donnerstag, 5. August 1976) wurde Seine Hoheit Shaikh Zayid am Flughafen von Abu Dhabi gesehen: Er war auf dem Weg nach Somalia, um von dort aus eine Woche später nach Sri Lanka weiterzufliegen, zur Konferenz der Blockfreien Staaten, die ab dem 16. August 1976 dort stattfand. Shaikh Zayids Besuch in Somalia war nicht geplant gewesen. Den Entschluss, Somalia zu besuchen, hatte er spontan gefasst, sodass wir keine Möglichkeit hatten, ihn vorher noch zu sprechen und ihn von seiner Rücktritts-Idee abzubringen, und wir, als Oberster Rat, mussten erkennen, dass es ein Fehler war, sich überstürzt für die Verlängerung der vorläufigen Verfassung zu entscheiden, obwohl sie doch noch vier Monate lang gültig war.

Shaikh Zayid war 34 Tage unterwegs, was mir wie eine Ewigkeit vorkam. Das ganze Land fühlte sich an wie ein verlassener Ort, und die Öffentlichkeit wartete ungeduldig und bang auf seine Rückkehr.

Am 9. September 1976, einem Donnerstag, strömten Tausende von Menschen aus allen Teilen des Landes zu einer öffentlichen Demonstration am Flughafen von Abu Dhabi. Sie alle wollten Shaikh Zayid einen jubelnden Empfang bereiten und hielten Schilder hoch, auf denen zum Beispiel stand:

— *Willkommen zurück, Zayid.*
— *Wir halten alle zu Euch.*
— *Wir werden unseren Anführer auf dem Marsch nach vorne nicht im Stich lassen.*
— *Eure Präsidentschaft ist für uns und alle Araber eine Quelle der Stärke.*
— *Wir wollen niemand anderen als Zayid.*
— *Ihr seid der Richtige, Zayid, Vorbote des Wohlergehens.*
— *NEIN! zum Rücktritt!*
— *Herrscher! In Einheit und Einigkeit liegt die Kraft.*
— *Wir geben unser Leben für Euch.*

Inmitten dieser aufwühlenden Szene kam ein Reporter der *al-Ittihād* zu mir und wollte wissen, wie ich über all das dachte, also sagte ich:

Die Menschen der Vereinigten Arabischen Emirate sind sich alle einig, dass Zayid weiterhin unseren Marsch in Richtung Föderation anführen sollte, heute und in der Zukunft. Ich hoffe von ganzem Herzen, dass der Staatspräsident seine Entscheidung zurückzutreten noch einmal überdenkt. Wir wollen keinen anderen Präsidenten, wir wollen nicht, dass er uns in der schwierigen Phase, in der wir uns derzeit befinden, verlässt. Alle Bürger der VAE hoffen, dass uns Zayid weiterhin auf dem Weg des Fortschritts anführen wird, in seiner nächsten Amtszeit und noch viele weitere, *inshallah*. Wir stehen alle hinter ihm und wir beten, Allah möge all seine Bemühungen zur Einigung dieser Nation mit Erfolg krönen und möge ihm helfen, alles zu erreichen, was dem Wohlergehen des Volkes und dem Land insgesamt dient.

Kaum war Shaikh Zayid seinem Flugzeug entstiegen, stürmten aus allen Richtungen Stimmen auf ihn ein, und innerhalb und außerhalb des Flughafens erklangen spontane Sprechchöre, die einstimmig seinen Namen skandierten: »Zayid, Zayid, Zayid …« Shaikh Zayid stieg in seinen Wagen, der sich einen Weg durch die Menschenmassen bahnte und dann, gefolgt von einer langen Autoschlange, zum al-Butain-Palast fuhr. Als wir dort eintrafen, hatten sich die Massen bereits dort versammelt und wir hörten, wie von überallher Stimmen auf uns eindrangen. In diesem Augenblick befahl Shaikh Zayid, die Palasttore zu öffnen, und die Menschen strömten herein. Jeder wollte ihn umarmen.

Am Abend des folgenden Tages, dem 10. September 1976, wurde eine Erklärung des *Diwan* (Staatsrat) des Präsidenten veröffentlicht, in der Seine Hoheit seine Wertschätzung gegenüber dem Volk zum Ausdruck brachte und ihm für seine Bekundungen der Liebe und Loyalität dankte:

Wir fühlen uns geehrt und möchten unseren Bürgern für ihre Loyalitätsbezeugungen, die sie Seiner Hoheit dem Staatspräsidenten bei seiner gestrigen Rückkehr in seine Heimat zukommen ließen, unsere aufrichtige Dankbarkeit und tiefempfundene Wertschätzung übermitteln. Seine Hoheit der Staatspräsident hat die Briefe und Telegramme, die unsere Bürger ihm geschickt haben, gesehen und hat verfolgt, was in örtlichen und anderen arabischen Zeitungen über die Anliegen und Ziele dieser Nation veröffentlicht wurde.

Unser Volk hat im Zuge der aktuellen Ereignisse bewiesen, dass es zuversichtlich in die Zukunft blickt, über ein hohes Maß an Achtsamkeit verfügt und ein großes Interesse daran hat, dass der Staat seine Einheit und die seiner Bürger bewahrt.

Mit Freuden bringt Seine Hoheit der Staatspräsident seine Ergebenheit gegenüber seinem Volk zum Ausdruck, diesem Volk, das ihn mit Liebe überschüttet und ihn immer unterstützt hat, das Vertrauen in ihn setzt und seine Opfer und Bemühungen im Zusammenhang mit der Gründung unseres jungen Staates, der Konsolidierung seines Status und der Stabilisierung seiner nationalen Identität zu schätzen weiß. Diese großartigen Bürger haben gezeigt, dass die Bewahrung der staatlichen Einheit ihnen ein echtes Anliegen ist und dass sie unendlich entschlossen sind, alle Hindernisse aus dem Weg zu räumen.

Seine Hoheit der Staatspräsident möchte den Bürgern ganz besonders für die herzlichen Gefühlsbekundungen danken, für ihre Solidaritätsbezeugungen und ihr beharrliches Streben nach einem Leben in Würde und Wohlstand für alle.

In diesem gesegneten Monat beten wir zu Allah, dem Allmächtigen, er möge uns alle zur Wahrheit und auf den rechten Weg führen, und wir beten, dass die Wünsche Seiner Hoheit für sein Volk in Erfüllung gehen, auf dass es glücklich wachse und gedeihe. Und sag: ›Tut [was ihr wollt], Allah wird eure Taten sehen, und auch Sein Gesandter und die Gläubigen.‹ [Qur'an]

Am Morgen des 18. September 1976, einem Samstag, besuchte ich Shaikh Zayid in Abu Dhabi. Das Treffen sollte ihn überzeugen, seinen Rücktritt vom Präsidentenamt noch einmal zu überdenken. Außer Shaikh Zayid und mir war auch Außenminister Ahmad bin Khalifah al-Suwaidi anwesend.

Tags drauf stattete ich auch dem Vizepräsidenten, Shaikh Rashid bin Sa'id al-Maktum, einen Besuch in Dubai ab und sprach mit ihm über die Möglichkeit, Shaikh Zayid zum Bleiben zu bewegen.

Am Montag, dem 20. September 1976, besuchte mich Shaikh Rashid bin Sa'id al-Maktum in Sharjah. Er informierte mich darüber, dass er vorhabe, Shaikh Zayid in Abu Dhabi aufzusuchen, um ihm mitzuteilen, dass die Herrscher nachdrücklich und einhellig darauf drängten, dass er weiterhin die Führungsrolle übernehmen und Präsident der VAE bleiben solle. Zwei Tage später fand dieses Treffen dann statt, und man kam überein, dass dieses Thema durch den Obersten Rat der Föderation zu erörtern sei.

Verantwortungsbewusstsein und Verständnis

Die Sitzung des Obersten Rates am 6. November 1976 war vom Geist der Verantwortung und des Einvernehmens geprägt, nachdem im Vorfeld eine Reihe von vorbereitenden Treffen stattgefunden hatte. Das übergeordnete Ziel war der Erhalt der Konföderation, aber auch die Konzipierung der nächsten wichtigen Etappe und die Erarbeitung von Maßnahmen zur Gewährleistung von Sicherheit und Stabilität im Lande und des Wohlergehens der Bürger standen auf der Tagesordnung.

Der Oberste Rat prüfte den Bericht, in dem der Staatspräsident auf die Erfordernisse der nächsten Etappe eingegangen war, und verabschiedete folgende Beschlüsse:

Erstens: Ergänzung der Verfassung um einen Zusatzartikel, der festlegt, dass die in Artikel 142 der vorläufigen Verfassung getroffene Regelung aufgehoben wird, mit dem Ergebnis, dass nur der Staat selbst das Recht haben soll, Landstreitkräfte, Luftwaffe und Marine aufzustellen und zu befehligen.

Zweitens: Erlass eines Beschlusses, der dem Präsidenten durch die Bundesbehörden die Oberaufsicht über die Bereiche Einwanderung, Aufenthaltsstatuten, Aufrechterhaltung von Recht und Ordnung im ganzen Staatsgebiet und die Überwachung der Staatsgrenzen, Grenzposten, Häfen und Flughäfen zuerkennt, mit dem Ziel, illegale Einwanderung zu verhindern und die nationale Integrität des Landes zu bewahren.

Drittens: Erlass eines Bundesgesetzes zur Gründung des Ministeriums für Staatsschutz, das direkt dem Staatspräsidenten unterstellt ist, sodass alle Geheimdienstabteilungen und alle anderen regionalen Behörden, die in den Mitglieds-Emiraten tätig sind und Geheimdienstarbeit leisten, dem besagten Ministerium untergeordnet sind.

Viertens: Im Hinblick auf das Ministerium für Information und Kultur wurde entschieden, dass der Minister für Information und Kultur alle Befugnisse behält, um die Arbeit von Radio

und Fernsehen in den VAE zu überwachen und nach politischen
Gesichtspunkten zu lenken. Das Ministerium ist somit für die
Auswahl des Nachrichtenmaterials, die Überprüfung aller Nach-
richtenmeldungen, politischen Programme und Kommentare,
Diskussionen und Meldungen zur Innen- und Außenpolitik verantwortlich, und zwar vor dem jeweiligen Sendetermin. Des
Weiteren behält das Ministerium für Information und Kultur
das Recht, die Ausstrahlung der Nachrichtenbulletins der verschiedenen staatlichen Radiosender auf eine einheitliche Fre-
quenz festzulegen. Der Beschluss schrieb außerdem vor, dass –
im Einklang mit den Anweisungen des Ministers für Information und Kultur – alle staatlichen Radio- und Fernsehkanäle in
ihren Sendungen die Einheit des Staates betonen sollten, indem
bei Nennung eines der Emirate immer zuerst der Staat [die Vereinigten Arabischen Emirate] und erst dann das jeweilige Emirat
genannt wurde.

Fünftens: Alle Emirate müssen bestimmte Summen in den
jährlichen Staatshaushalt der Föderation einzahlen, und zwar
entsprechend der Schätzungen des Bundeshaushaltsplans von
1977, welcher dem Obersten Rat vorzulegen ist. Ein Ausschuss
ist zu gründen, der den Finanzrahmen des Gesamthaushaltes
für das Jahr 1977 unter Berücksichtigung der Bedürfnisse der
Bundesministerien und -behörden diskutiert und festlegt. Dieser
Ausschuss legt seine Ergebnisse dem Obersten Rat der Föderation vor. Den Vorsitz über den Ausschuss führt Seine Hoheit
Shaikh Sultan bin Muhammad al-Qasimi, Mitglied des Obersten Rates und Herrscher von Sharjah. Mitglieder des Ausschusses
sind Seine Hoheit Shaikh Hamad bin Muhammad al-Sharqi,
Mitglied des Obersten Rates und Herrscher von Fujairah, Seine

Hoheit Shaikh Hameed bin Rashid al-Nuʿaimi, Kronprinz von ʿAjman, und die Mitglieder des Ministerausschusses für Finanzen.

Sechstens: Zurückstellung der Debatte zum Thema unklare Grenzziehung zwischen den Emiraten, um zunächst die aktuellen Verhandlungen abschließen zu können, und weitere Bearbeitung der Ergebnisse der Bemühungen um eine letztgültige bindende Vereinbarung.

Der Oberste Rat billigte außerdem die Empfehlungen der Saudischen Mission für Sicherheit, ein Amt für Zivilschutz zu gründen, mit der Aufgabe, die Bürger sowie öffentlichen und privaten Besitz zu schützen, Opfern von Naturkatastrophen zu helfen, für Verkehrsmittel zu sorgen, das reibungslose Funktionieren der öffentlichen Versorgungsbetriebe sicherzustellen und in Zeiten von Krieg, Notstand und Katastrophen aller Art die nationalen Vermögenswerte zu bewachen. Das Amt für Zivilschutz, in das die Feuerwehren der einzelnen Mitglieder der Föderation eingegliedert waren, unterstand dem Innenministerium, war dort eine der wichtigsten Abteilungen und sollte seinen Aufgaben und Pflichten landesweit nachkommen. Es wurde auch die Einrichtung eines Ausbildungszentrums für zivile Verteidigung beschlossen, dem die nötigen personellen, materiellen und technischen Ressourcen zur Verfügung gestellt wurden, damit das Amt für Zivilschutz und seine Unterabteilungen ihre Arbeit effizient und effektiv erledigen konnten.

Darüber hinaus wurden folgende Bundesgesetze und -verordnungen vereinbart: die Einrichtung eines *Diwan* für Staatliche Rechnungsprüfung, der Aufbau eines Renten- und Pensionssystems, die Ausarbeitung eines Jugendstrafrechts, die Verabschiedung eines Abkommens zur Gründung der Arabischen Organisation für Satellitenkommunikation und ein Erlass über die intensivierte Zusammenarbeit auf dem Gebiet der Technik zur Förderung der industriellen Entwicklung der VAE.

Der letzte wichtige Beschluss des Obersten Rates betraf die Wahl des Staatspräsidenten und des Vizepräsidenten. Der Beginn der nächsten Amtszeit wurde auf den 2. Dezember 1976 festgelegt. Die Wahl selbst sollte in der nächsten Sitzung des Obersten Rates, am 27. November 1976, erfolgen. Der Oberste Rat verlieh seiner Hoffnung auf eine blühende Zukunft Ausdruck, in der die Föderation und ihre Bürger ihren Wunsch nach Einheit, Fortschritt und Würde verwirklicht sähen, auf dass Allah den Staat und sein Volk leiten möge, um das Beste für beide zu erreichen.

In Übereinstimmung mit den oben genannten Beschlüssen trat der Oberste Rat der Föderation am 27. November 1976 zusammen. Seine Hoheit Shaikh Zayid bin Sultan Al Nahyan wurde zum Präsidenten der Vereinigten Arabischen Emirate gewählt und seine Hoheit Shaikh Rashid bin Sa'id al-Maktum zum Vizepräsidenten.

Seine Hoheit Shaikh Sultan bin Muhammad al-Qasimi trifft den tunesischen
Präsidenten Habib Bourguiba, März 1975.

Seine Hoheit Shaikh Sultan bin Muhammad al-Qasimi gibt bei einer Pressekonferenz
im November 1975 historische Entscheidungen bekannt.

Einheimische demonstrieren vor der Nationalversammlung für die Fusion ihrer regionalen Behörden mit den Ministerien der Föderation, November 1975.

Ein Dokument aus der britischen Nationalbibliothek (British Library), Nr. 3725/12/LPS. *Links:* die Flagge, die die al-Qawasim nach ihrer Niederlage gegen die Briten 1820 einführen mussten. *Rechts*: die ursprüngliche Flagge der al-Qawasim, die von den Briten ausgewechselt wurde.

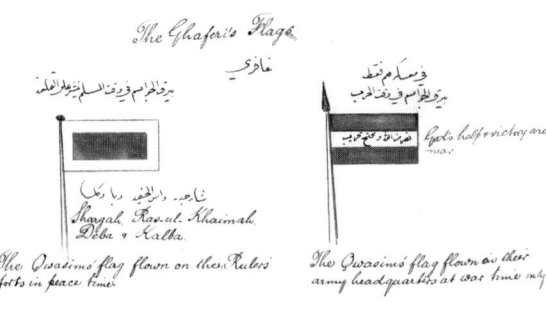

Seine Hoheit Shaikh Sultan bin Muhammad al-Qasimi spricht zu den Menschen, die sich im November 1975 zur Feier der Fusion von regionalen Behörden und den Ministerien der Föderation vor der Nationalversammlung eingefunden haben.

Seine Hoheit Shaikh Sultan bin Muhammad al-Qasimi hisst die Flagge der VAE auf dem Gebäude des Verkehrsministeriums in Sharjah, November 1975.

Hissen der Nationalflagge der VAE vor der Nationalversammlung in Sharjah, November 1975.

Seine Hoheit
Shaikh Sultan
bin Muham-
mad al-Qasimi
im Gespräch
mit dem
somalischen
Präsidenten
Siad Barre
und Minister
Ahmed Hassan,
Januar 1976.

Seine Hoheit
Shaikh Sultan
bin Muham-
mad al-Qasimi
im Gespräch
mit dem
Präsidenten des
Sudan, Ja'far
Muhammad
Numairi, im
Januar 1976.

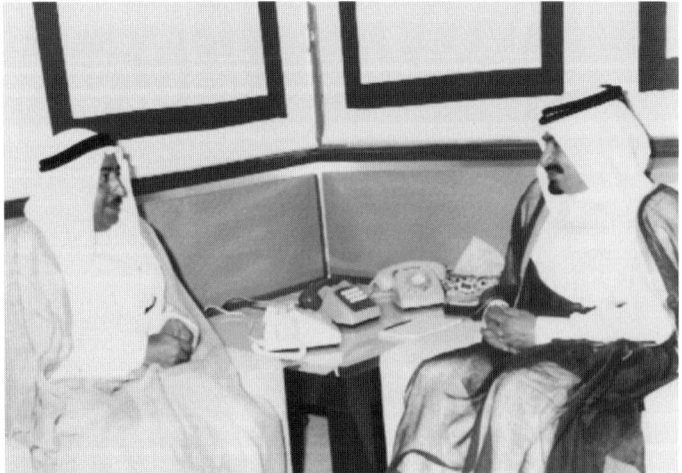

Seine Hoheit
Shaikh Sultan
bin Muham-
mad al-Qasimi
im Gespräch
mit dem Herr-
scher von
Qatar, Shaikh
Khalifah bin
Hamad
al-Thani, im
Mai 1976.

Seine Hoheit Shaikh Sultan bin Muhammad al-Qasimi zu Besuch bei der »Nation of Islam« in Chicago, Mai 1976.

Seine Hoheit Shaikh Sultan bin Muhammad al-Qasimi hält im Mai 1976 eine Rede vor der »Nation of Islam« in deren Moschee in Chicago; neben ihm ein sudanesischer Dolmetscher.

Warith-Uddin Muhammad, Oberhaupt der »Nation of Islam«, hält eine Rede in der Moschee der Organisation in Chicago, Mai 1976.

Der Bürgermeister von San Francisco überreicht Seiner Hoheit Shaikh Sultan bin Muhammad al-Qasimi den Schlüssel der Stadt.

Seine Hoheit Shaikh Sultan bin Muhammad al-Qasimi auf Erkundungsfahrt in Khor Fakkan, 1976.

Seine Hoheit Shaikh Sultan bin Muhammad al-Qasimi zusammen mit Seiner Hoheit Zayid bin Sultan Al Nahyan beim Festakt anlässlich des Nationalfeiertages am 12. Dezember 1976.

Im Al-Bahr-Palast
in Abu Dhabi mit
Seiner Hoheit
Shaikh Zayid bin
Sultan Al Nahyan,
1976.

Seine Hoheit
Shaikh Sultan
bin Muhammad
al-Qasimi
empfängt den
jemenitischen
Präsidenten
Ibrahim al-Hamdi
im Emirat Sharjah,
Dezember 1976.

Seine Hoheit
Shaikh Sultan
bin Muhammad
al-Qasimi bei
einem Treffen mit
dem syrischen
Präsidenten Hafiz
al-Assad im
März 1977.

Seine Hoheit Shaikh Sultan bin Muhammad al-Qasimi und Seine Hoheit Zayid bin Sultan Al Nahyan nach der Verabschiedung des Haushalts der VAE im Juni 1977.

8

Meine ersten Jahre als Herrscher von Sharjah

MEIN TERMINKALENDER war schon immer recht voll, aber seitdem ich zum Herrscher von Sharjah aufgestiegen war, kam ich fast gar nicht mehr zur Ruhe. In der Anfangsphase meiner Regierungszeit erwiesen sich die Samstage als besonders anstrengend. Jeden Samstagvormittag fand eine allgemeine *majlis* im zentralen Regierungsgebäude Sharjahs statt. Zu dieser offenen Versammlung kamen Bürger aus dem ganzen Emirat, um mir ihre Probleme zu schildern. Ich hörte ihnen zu, ganz gleich, ob sie Staatsangehörige oder Ausländer waren, und versuchte, ihnen zu helfen. Obwohl solche Versammlungen immer sehr kräftezehrend waren, sowohl für mich selbst als auch für meine Angestellten und die Sicherheitskräfte, genoss ich sie sehr, weil ich dadurch die Nähe zu meinem Volk bewahren konnte. Ähnlich aufwendig waren meine regelmäßigen Inspektionsfahrten in die östlichen Landesteile, vor allem nach Daba, Khor Fakkan Kalbaa, Dhaid, Maliha, Mudam und Hamriyya, die Kontrollbesuche bei Regierungsinstitutionen und Behörden, um sicherzustellen, dass diese ihre Arbeit zufriedenstellend erledigten, und die Besichtigung verschiedener Baustellen von Projekten, die im Auftrag der Regierung von Sharjah entstanden.

In jener Zeit war ich an vielen verschiedenen politischen, kulturellen und gesellschaftlichen Ereignissen beteiligt; auf einige möchte ich hier näher eingehen.

Das Arabisch-Afrikanische Symposium

Am 14. Dezember 1976 eröffnete ich das Arabisch-Afrikanische Symposium in der Afrika-Halle in Sharjah. 45 arabische und afrikanische Intellektuelle waren gekommen, um über die arabisch-afrikanischen Beziehungen zu diskutieren und zu erörtern, wie zwischen den jeweiligen Ländern eine Kooperation zustande kommen könnte. Zum Abschluss des Symposiums am 18. Dezember wurde eine Resolution verabschiedet, die den Aufbau eines Dokumentations- und Datensammlungszentrums für Arabisch-Afrikanische Beziehungen mit Sitz in Sharjah empfahl.

Das Symposium ernannte mich zum Ehrenpräsidenten des Zentrums. In der Abschlusserklärung wurden weitere Empfehlungen ausgesprochen: Jedes Jahr im Dezember sollte ein Treffen anberaumt werden, um sich über die weitere Untersuchung und Analyse der arabisch-afrikanischen Beziehungen auszutauschen.

Des Weiteren rief das Symposium alle afrikanischen und arabischen Staaten dazu auf, neue, geeignete Strategien zu entwickeln, um den im Rahmen der wirtschaftlichen Zusammenarbeit aufkommenden Fragen gewachsen zu sein. Dauerhafte gemeinschaftliche Institutionen müssten zum Zwecke der Kooperation geschaffen werden, und die Satzungen, Regeln und Verordnungen der Arabischen Liga und der Organisation für Afrikanische Einheit müssten dahingehend überarbeitet werden, dass beide

Organisationen effektiv auf neue Gegebenheiten und Ereignisse reagieren könnten.

Mehr Unterstützung für akademische Einrichtungen und Fachbetriebe, für Institute und Universitäten wurde ebenso angemahnt wie eine verstärkte Studienförderung und mehr Engagement für Studentenaustauschprogramme- und Kulturtransfer.

Das Symposium regte auch die Einrichtung eines Afrikanisch-Arabischen Fonds an, um nationale Befreiungsbewegungen in Afrika und der arabischen Welt zu unterstützen und zu begleiten. Es betonte seine Überzeugung, dass Fortschritt und Entwicklung intensive Bemühungen erforderten, um das Bewusstsein für Menschenrechte zu schärfen und Gleichheit zu fördern.

Die Erklärung von Sharjah beinhaltete eine Reihe wichtiger Grundsätze und hob besonders hervor, dass die Völker Arabiens und Afrikas ein gemeinsames, tief verwurzeltes geschichtliches und kulturelles Erbe in sich trugen und auch ihr Kampf gegen Unterdrückung sie einte. Die Zukunft der Völker Afrikas und der arabischen Welt war unzweifelhaft eng miteinander verbunden.

Ich sandte diese Empfehlungen an alle arabischen Könige und Präsidenten, die in jener Zeit zur Gipfelkonferenz der Arabischen Liga geladen waren.

Der fünfte Nationalfeiertag der VAE

Am 12. Dezember 1976 fanden in Abu Dhabi die Feierlichkeiten zum fünften Nationalfeiertag statt. Auf dem Programm standen unter anderem eine Militärparade und ein riesiges Kulturfestival. Außer dem Staatspräsidenten nahmen auch alle Mitglieder des Obersten Rates der Föderation am Festakt teil.

In seiner Rede an die Nation sagte der Präsident: »Die Bürde des Vertrauens, das auf meinen Schultern lastet, wiegt in der Tat schwer. Wir alle müssen uns in vollkommener Eintracht zusammenfinden, um die Zukunft unseres Landes aufbauen zu können, um unserer Nation zu Ehre und Ansehen zu verhelfen und um unsere Träume wahr werden zu lassen.«

Den Mitgliedern des Obersten Rates dankte Shaikh Zayid für seine Wiederwahl als Präsident und fügte hinzu: »Dieses Vertrauen empfinde ich als mächtige Verantwortung, aber auch als eine große Ehre. Bewältigen kann ich diese Aufgabe jedoch nur mit der Hilfe Allahs und mit der Unterstützung meiner Brüder (den Herrschern) und des ganzen Volkes.«

Der jemenitische Präsident Ibrahim al-Hamdi zu Besuch in Sharjah

Am Vormittag des 19. Dezember 1976 traf Präsident Ibrahim al-Hamdi, der Vorsitzende des Kommandorates der Arabischen Republik Jemen, zu einem eintägigen Staatsbesuch in Sharjah ein, um am nächsten Tag nach Peking weiterzureisen.

Vor dem Bankett zu Ehren des Gastes, bei dem zur Mittagszeit viele Würdenträger Sharjahs anwesend waren, fanden die offiziellen Gespräche statt. Danach traf der Präsident des Jemen mit Angehörigen der jemenitischen Gemeinde in Sharjah zusammen und sprach mit ihnen über die Bemühungen, die die Regierung des Jemen unternommen hatte, um die Entwicklung des Landes voranzutreiben.

Die Eröffnung des Da'wa-Zentrums

Am 21. Dezember 1976 wurde Sharjahs *Da'wa*-Zentrum offiziell eingeweiht. Unter den geladenen Gästen war auch Warith-Uddin Muhammad, das Oberhaupt der US-amerikanischen Organisation Nation of Islam, die ich im Jahr zuvor in Chicago besucht hatte[19]. An jenem 21. Dezember kam die Idee auf, eine englische Übersetzung des Qur'an auf Kassette herauszubringen und damit Englischsprachigen in den USA und überall auf der Welt die Möglichkeit zu bieten, die wahre Botschaft des Qur'an und seine korrekte Interpretation kennenzulernen. Zu diesem Zweck gründete ich einen Ausschuss unter der Leitung von Dr. 'Ezzuddin Ibrahim. In diesem Ausschuss vertreten waren der Direktor von Sharjah Radio, Sa'id Imara, die Radiomoderatoren Saad Ghazal und Mahmoud al-Shareef sowie Dr. Muhammad Mostafa al-A'zami aus Syrien. Wir entschieden uns für die Übersetzung von Mohammad Marmaduke Pickthall mit dem Titel ›The Meaning of the Glorious Qur'an‹ (Die Bedeutung des Glorreichen Qur'an), die uns für unser Projekt am besten geeignet schien.

Nachdem Dr. Muhammad Mostafa al-A'zami noch einige Korrekturen an Pickthalls Text vorgenommen hatte, begannen die Aufnahmen: Der arabische Teil wurde in Griechenland eingesprochen, die englische Übersetzung in London. Die Endproduktion, in der beide Teile zusammengeführt wurden, fand in Sharjah statt. Wir alle waren hocherfreut, als Anfang September 1977 die ersten fertigen Kassetten zur Verfügung standen und in den Vertrieb gehen konnten.

---

[19] Siehe Kapitel 6.

Besuche in Sharjahs Schulen

Ich war immer der Meinung, dass Bildung allerhöchste Priorität
haben muss, und habe mich bemüht, diese Überzeugung in
Form von Schulen und Universitäten Wirklichkeit werden zu
lassen. In meinen ersten Jahren als Herrscher von Sharjah beobachtete ich die Entwicklung unserer Schulen in Sharjah genau
und verschaffte mir immer wieder einen Eindruck vor Ort. 1976
hatte ich mir vorgenommen, eine ganze Reihe von Schulen nach-
einander zu besuchen. Meine Rundreise begann am 25. Dezember mit dem Besuch zweier weiterführender Schulen: der al-
Uruba-Sekundarschule für Jungen und der Fatima al-Zahraa'-
Sekundarschule für Mädchen. Am nächsten Tag standen Mittel-
schulen auf dem Programm, darunter die Schule Ali bin Abi
Talib. Begleitet wurde ich von Bildungsminister 'Abdullah bin
Imram bin Taryam.

Wenn ich mich mit den Schülern zur Gesprächsrunde traf,
sprach ich ganz offen mit ihnen, beantwortete ihre Fragen und
diskutierte mit ihnen über das, was ihnen am Herzen lag. Diese
Treffen machten deutlich, wie begierig die jungen Leute waren,
mehr über die schwierigen und entscheidenden Probleme zu erfahren, denen sich die Vereinigten Arabischen Emirate stellen
mussten.

Dabei kamen ganz unterschiedliche Themen zur Sprache. Zur
Föderation erklärte ich zum Beispiel:

Es besteht kein Zweifel, dass unser Marsch in Richtung Föderation sich vielen Herausforderungen stellen musste – ein Ergebnis
alter Gepflogenheiten, die nicht mehr in die neue Realität pass-

ten. Dadurch waren die ersten beiden Jahre besonders schwierig. Jedes Emirat hatte weiterhin seine alten Traditionen beibehalten, und dieser Umstand musste erst einmal überwunden werden. Dennoch gelang es dem Staat, die ihm zukommende Funktion zu übernehmen. Im Laufe der Zeit brachten einander widersprechende Vorschriften und Regelungen unsere Vorwärtsdynamik fast zum Erliegen. Trotzdem ist die Gründung einer Föderation ein positiver Akt, der es uns ermöglicht, Hindernisse zu überwinden und voller Tatkraft voranzuschreiten.

Wir haben gelernt, dass das Auftauchen von Problemen und Konflikten in einem frühen Stadium nichts ist, vor dem man Angst haben müsste, denn nur so kann man die passenden Lösungen finden, bevor es zu spät ist. Ich möchte das an einem Beispiel verdeutlichen: Es ist viel besser, ein oberflächliches Hautproblem, sagen wir am Fuß, rasch und wirkungsvoll zu behandeln, als zu warten, bis es schlimmer und schlimmer wird und schließlich das ganze Bein amputiert werden muss. Durch die frühzeitige Behandlung von Problemen, die sich seit der Kolonial- und Besatzungszeit angehäuft haben, wird unser Fortschritt erst möglich und machbar.

Zu der Frage, welche Rolle die Jugend spiele, sagte ich: »Eure Aufgabe ist es mitzuhelfen, den Gedanken der Einheit überall zu verbreiten. Wir glauben jedoch nicht, dass die Gründung einer Föderation der Jugend höchstes Ziel sein kann; sie ist vielmehr der Ausgangspunkt auf dem Weg zu einer umfassenden Einheit. Ihr jungen Leute müsst zuerst das Konzept einer Einheit begreifen, die auf felsenfesten Fundamenten steht, und dann erkennen, warum dies von so großer Bedeutung ist.«

Die Stellung der Frau und ihre Repräsentation im Nationalrat war ein weiteres wichtiges Thema. Dazu führte ich aus:

Die Frauen in unserem Land werden unterschätzt, und sie fordern Gleichberechtigung ein, wogegen wir nichts einzuwenden haben. Im Gegenteil: Wir fördern solche Forderungen und unterstützen sie. Wenn eine Frau ihre arabisch-muslimische Persönlichkeit voll ausgebildet hat und diese auf festen Grundsätzen ruht, verdient sie ebenbürtige Rechte. Auf der ganzen Welt haben sich die Nationen daran gewöhnt, dass Freiheiten und Rechte genommen, nicht gegeben werden.

Was den Frauenanteil [im Nationalrat] betrifft, so kann man nicht umhin zu erkennen, dass unsere Gesellschaft von tief verwurzelten Gebräuchen und Traditionen geprägt ist, die wir mit Umsicht behandeln müssen. Sogar in Europa ist der Frauenanteil noch sehr begrenzt, auch dort kann man die Anzahl von weiblichen Abgeordneten an zwei Händen abzählen. Wir sind da also keine Ausnahme. Es gibt ja auch viele andere Wege, auf denen Frauen ihre Ziele erreichen können. Unsere Religion unterstützt Frauen ausdrücklich in der Verwirklichung ihrer legitimen Rechte.

Ich brachte auch zum Ausdruck, dass ich dem neuen Kabinett positiv gegenüber stand: »Unser Weg nach vorne wird in den kommenden Jahren, wenn die Hürden der Vergangenheit genommen sind, an Dynamik gewinnen. Am Ende der nächsten Etappe werden wir zu unserer Verantwortung stehen und prüfen, was wir für unser Land erreicht haben. Es geht nicht darum, alle Fehlentwicklungen dem vorherigen Kabinett anzulasten, denn die aktuellen Missstände könnten auch das Ergebnis davon sein, dass bestimmte Realitäten vor Ort den neu eingeführten Gesetzen der Föderation zuwiderlaufen.«

Im Zusammenhang mit der Schaffung eines öffentlichen Bewusstseins sagte ich: »Ich wünsche der neuen Generation, dass sie mit mehr Wissen über, Vertrauen in und Liebe zu ihrem Land ausgerüstet ist. Was wir anstreben ist, junge Menschen hervorzubringen, die der Verantwortung gewachsen sind, die Föderation anzuführen und dafür zu sorgen, dass auch die nächsthöheren Entwicklungsstufen erreicht werden. Um das zu gewährleisten, muss die Jugend ein besonders hohes Bildungsniveau erreichen und noch mehr Lernbereitschaft mitbringen, um sich auf die moderne Lebenswirklichkeit einstellen zu können.«

Zum Thema Universitätsstudium merkte ich an: »Es ist ein Freude zu sehen, wie unsere Töchter das Banner des Lernens hochhalten und zur Universität gehen, um höhere Studienabschlüsse zu erwerben. Die jungen Männer, die ihr Studium an einer der zahllosen Universitäten im Ausland absolvieren, haben die Pflicht, ihr Land auf bestmögliche Art und Weise zu repräsentieren, an der Ausbildung ihrer Persönlichkeit zu arbeiten und als würdige Männer dieses Landes aufzutreten.«

Einige Fragen betrafen den Haushalt, der dem Obersten Rat vorgelegt wurde, und wie es um die Bereitschaft der Emirate stünde, ihren Beitrag dazu zu leisten. Meine Antwort lautete:

Der Finanzausschuss setzt seine Anstrengungen fort, Lösungen für die vorhandenen Probleme zu entwickeln, damit wir weiter vorankommen.

Obwohl sich der Gesamthaushalt auf gewaltige 14,5 Milliarden Dirham beläuft, sind auch die Ausgaben noch sehr hoch.

Der Ausschuss will einen Weg finden, diese Zahlen im Sinne des öffentlichen Interesses zu steuern. Ein Teil des Etats wird für externe Hilfen ausgegeben, ein anderer Teil für innerstaatliche Projekte.

Tatsache ist, dass nur 40-60% der ursprünglich geplanten Projekte umgesetzt wurden. Damit entsprach der Entwicklungsstand der staatlichen Behörden nicht den erweiterten Anforderungen. Das bedeutet, dass die wichtigste Aufgabe des neuen Kabinetts die Umsetzung aller bereits genehmigten Projekte ist.

Weiter führte ich aus: »Gegenwärtig hat der Staat 21.000 Angestellte und braucht für das nächste Jahr weitere 10.000. Allerdings wird die Personalbeschaffung nicht wie in der Vergangenheit durchgeführt, sondern es werden neue Methoden zur Anwendung kommen, damit aus den Leistungen und dem Einsatz der Angestellten der größtmögliche Nutzen gezogen werden kann.«

Im Hinblick auf die Zahlungen der einzelnen Emirate zum kommenden Gesamthaushalt erklärte ich: »Alle Emirate müssen nach dem Vorbild von Abu Dhabi ihren Beitrag leisten. Abu Dhabi hat in dieser Hinsicht eine Vorreiterrolle eingenommen und in den letzten fünf Jahren die Last des Haushalts ganz allein getragen. Nun hat es sich freiwillig verpflichtet, 50% seiner Einkünfte in den Haushalt einzuzahlen. Staatspräsident Shaikh Zayid hat darüber hinaus noch einiges mehr beigetragen.«

Auch die anhaltende Diskussion um die Verfassung unseres Staates sprach ich an. Ich betonte, das Bestreben des Volkes, von der Föderation noch mehr zu profitieren, dürfe nicht blockiert werden, da es ein starkes öffentliches Interesse an der Verwirk-

lichung der Einheit gebe. »Als unsere Bemühungen, eine endgültige Verfassung zu verabschieden, erfolglos waren, dehnten
wir die Geltungsdauer der vorläufigen Verfassung aus, um uns
Zeit zu verschaffen, die ausstehenden Fragen zu klären. Bei
genauem Hinsehen ist jedoch zu erkennen, dass viele Artikel
der Verfassung bereits geändert wurden. Stürmische, engagierte
junge Leute sollten sich von der Verlängerung der vorläufigen
Verfassung nicht entmutigen lassen. Die jüngere Generation
muss zu der Erkenntnis kommen, dass ihren Interessen mit einer
wirklich umfassenden Einheit viel besser gedient ist.«

Zum Thema ungelöste Grenzkonflikte beruhigte ich die Schüler: »Wenn in dieser Phase kleine Probleme auftauchen, ist das
kein Grund zur Beunruhigung. Es ist besser, wir kümmern uns
frühzeitig um solche Dinge, bevor sich die Lage verschlimmert
und der Schaden irreparabel wird.« In diesem Zusammenhang
fügte ich noch hinzu: »Meine Brüder [die Herrscher] sind durch-
aus in der Lage, solche Probleme unter sich zu lösen. Vor allem,
da es bei den fraglichen Grenzkonflikten nur um wenige Kilometer im Landesinnern geht. Da muss auf jeden Fall eine Lösung
gefunden werden, und die muss natürlich logisch und nachvoll-
ziehbar sein.«

Ich erklärte den Schülern, dass die aktuellen Streitigkeiten
Überreste dessen waren, was uns die Kolonialmächte hinterlassen
hatten. »Nach ihrem Abzug haben sie uns alle möglichen Probleme aufgehalst, damit wir sie nicht bei der Verwirklichung
ihrer eigenen geheimen Pläne störten. Die Kolonialmächte wuss-
ten ganz genau, welchen strategischen Wert diese Region aufgrund ihres Reichtums hat. Deswegen haben sie willkürlich Keile
zwischen die brüderlichen Staaten getrieben und in der arabi-

schen Welt insgesamt Zwietracht gesät. Indien zum Beispiel haben die Kolonialherren nicht in die Spaltung getrieben, wie wir beobachten konnten – weil sie erkannt haben, dass Indien nicht so ›lohnend‹ war wie die arabischen Länder.«

Auf das neue Kabinett kamen wir immer wieder zu sprechen und ich sagte: »Der Premierminister hat das Recht, sein neues Kabinett gemäß seiner Einschätzung der Fähigkeiten und Eignung der in Frage kommenden Personen zusammenzustellen, ohne dass er sich danach richten muss, wer bereits einmal einen Ministerposten innehatte. Daher hege ich die große Hoffnung, dass das neue Kabinett viel müheloser vorankommen und unsere Anstrengungen positiv beeinflussen wird.«

Eine Frage bezog sich auf die steigende Zahl von ausländischen Arbeitern im Land. Dazu sagte ich:

Es stimmt: Die Ausländerzahlen sind in letzter Zeit gestiegen. Doch unabhängig davon, wie viele noch nötig sein werden, sollte dies nicht als Bedrohung für den Staat wahrgenommen werden. Der Einsatz von ausländischen Arbeitern ist nur eine vorübergehende Lösung, bis die Großprojekte abgeschlossen sind. Dann werden jene, die nicht mehr benötigt werden, das Land verlassen. Das Arbeitsministerium hat kürzlich versucht, einen Grundstock an arabischen Arbeitern und Fachleuten zu rekrutieren, aber das Problem besteht darin, dass es wegen des zunehmenden Wettbewerbs, der zwischen den Nachbarländern herrscht, schwieriger ist als früher, arabische Arbeitskräfte zu bekommen.

Einige Schüler sorgten sich um die Verschwendung von Staatsgeldern und das Problem der Vorteilsnahme durch leitende Beamte. Ich wich dem Thema nicht aus: »In der kommenden Phase werden in diesem Bereich radikale Veränderungen stattfinden. In jedem Ministerium wird ein Bewertungssystem eingeführt, sodass alle staatlichen Bediensteten für ihr Handeln zur Rechenschaft gezogen werden können; so kommt jedwede Schieberei ans Licht. Wir wissen, dass einige Personen Staatsgelder veruntreut und sich widerrechtlich bereichert haben. Doch diese Handvoll Rechtsbrecher wird in naher Zukunft keine Möglichkeit mehr haben, so weiterzumachen wie bisher.«

Auch die Palästinenserfrage bzw. die negative Haltung einiger Gruppen zu diesem Thema wurde angesprochen, woraufhin ich erklärte:

Die Palästinenserfrage nimmt eine zentrale Stellung in unserem Kampf ein. Hätte es sie nicht gegeben, hätten wir nicht den Wunsch gehabt, uns zusammenzuschließen und vereint gegen den Kolonialismus zu kämpfen. Man kann die Palästinenserfrage als unseren kleinsten gemeinsamen Nenner bezeichnen. Es geht dabei nicht nur um die Palästinenser, sondern um die gesamte arabische Nation. Wir müssen signalisieren, dass wir bereit sind, für diese Sache unser Leben zu opfern und dass dies unsere erklärte Position ist. Israels Ambitionen gehen über die Grenzen Palästinas hinaus und erstrecken sich vielleicht bald auf ein viel größeres Gebiet; aus diesem Grund halten wir am Gedanken der arabischen Einheit im Kampf gegen den Kolonialismus fest.

Ob es notwendig sei, landesweit so viele Flughäfen, Schiffshäfen und Ähnliches zu bauen, wollte ein anderer Schüler wissen. Ich antwortete ihm:

Die Region hat eine rasante Entwicklung durchgemacht, gepaart mit einem Bevölkerungsanstieg und der Entstehung von großen, dynamischen, gewinnorientierten Industrieunternehmen. Dadurch war es für uns notwendig, in alle Richtungen zu expandieren, und eben auch Häfen und Flughäfen zu bauen. Uns ist klar, dass solche Infrastruktureinrichtungen eine Schlüsselrolle in der Entwicklung unseres Landes spielen – und bis jetzt haben wir unsere Sache gut gemacht. Hinzu kommt die Tatsache, dass die Menschen immer mehr reisen, sowohl von außerhalb in unser Land als auch innerhalb der Region, wodurch Abu Dhabi, Dubai und Sharjah enger zusammenrücken und untereinander stärker verknüpft sind. Das wird sich zwangsläufig positiv auf eine Koordinierung der Anstrengungen der Emirate auswirken.

Eine Schülerin der al-Zahraa'-Sekundarschule fragte mich, wie die Chancen stünden, eine umfassende arabischen Einheit aufzubauen, und was nötig wäre, um dieses Ziel zu erreichen. Ich holte ein wenig weiter aus und sagte: »Was die arabische Welt betrifft, so legten die Kolonialmächte es darauf an, sie auseinanderzubringen, sie in zankende Einzelteile zu zerlegen, obwohl sie das nirgendwo sonst taten. Der Grund hierfür war, dass ihnen klar wurde, wie reich unsere Länder sind, dass sie an vier wichtigen Meeresstraßen liegen und dass man sie wirtschaftlich hervorragend einbinden kann.« Dann fuhr ich fort:

Ein weiterer Faktor, der für den Erfolg unseres Einheitsgedankens spricht, ist die Tatsache, dass wir dieselbe Geschichte haben, dieselbe Sprache und derselben, tief verwurzelten Religion angehören. Ist das nicht an sich schon ein ausreichend stabiles Fundament, um eine umfassende Einheit darauf aufzubauen?

Schauen wir uns doch einmal die europäischen Länder an: Sie haben irgendwann angefangen, gemeinsam als ein Ganzes zu funktionieren. Sie haben es geschafft, eine geeinte Kraft und aktive Macht zu werden, und das, obwohl ihnen vereinende Faktoren fehlen, die bei uns in der arabischen Welt vorhanden sind, wie die gemeinsame Religion, Sprache und Geschichte.

Wenn wir uns fragen, wann und wie die Einheit Arabiens erreicht werden kann, so befinden wir uns derzeit, historisch betrachtet, in einer Phase der Stagnation. Vielleicht ist es aber auch die Ruhe vor dem Sturm. Wir hoffen, dass es noch mehr aktive und gemeinschaftliche Bemühungen geben wird, damit wir wie eine große Familie zusammenarbeiten können.

Dann ging ich noch einmal auf das »Wie« einer arabischen Einheit ein:

Früher ging man davon aus, eine solche Einheit könne nur gewaltsam, durch Besetzung oder durch bilaterale Beziehungen erreicht werden. Ich habe jedoch den Eindruck, dass wir am ehesten zum Ziel kommen und die Hoffnungen der arabischen Massen erfüllen, wenn wir die Charta der Arabischen Liga dahingehend verändern, dass diese Organisation ab sofort darauf hinarbeitet, die wirtschaftliche und industrielle Zusammenführung, die Vereinheitlichung der Bildungssysteme und die Zusammenlegung aller arabischen Streitkräfte zu ermöglichen.

Ich ging sogar so weit zu sagen: »Trotz der Tatsache, dass die Kolonialmächte alle arabischen Länder anscheinend ganz unterschiedlich, bis hin zur Unverträglichkeit, geprägt haben – vor allem, wenn wir den Einfluss von französischer und englischer Sprache betrachten –, können wir dieses Problem leicht überwinden, indem wir jedem arabischen Staat eine gewisse Autonomie, ein Selbstbestimmungsrecht geben, wie das bei den Vereinigten Staaten von Amerika der Fall ist.« Abschließend brachte ich meinen Zuversicht zum Ausdruck, dass »eine solche Einheit in den Händen unserer Jugend bald zur Realität werden wird, vor allem, wenn unsere jungen Leute in der Lage sind, in sich selbst und in anderen den Einheitsgedanken zu pflegen und zu nähren.«

Der Tod von Shaikh Muhammad bin Sultan al-Qasimi

Das Jahr 1977 brachte auch traurige Ereignisse mit sich. Am Samstag, dem 5. Februar, verschied Shaikh Muhammad bin Sultan al-Qasimi, der das Amt des Arbeitsministers bekleidet hatte. Am Montag darauf führte ich den Trauerzug an, zusammen mit dem Herrscher von Ra's al-Khaimah, Shaikh Saqr bin Muhammad al-Qasimi, dem Kronprinzen von ʿAjman, Shaikh Hamid bin Rashid al-Nuʿaimi, und dem Kronprinzen von Umm al-Quwain, Shaikh Rashid bin Ahmad al-Muʿallah. Neben den Kindern, Brüdern und Cousins des Verstorbenen waren zahlreiche Shaikhs, Minister und hohe Diplomaten anwesend sowie eine riesige Menge von Bürgern.

Der *Diwan* des Herrschers von Sharjah veröffentlichte eine Gedenkrede und das Ministerkabinett gab einen Nachruf bekannt und sagte die allwöchentliche Kabinettsitzung ab.

Die Wahl des Sprechers
des Nationalrats der Föderation

Am Dienstag, dem 1. März 1977 wurde Taryam bin ʿUmran zum Sprecher des Nationalrats der Föderation gewählt. Taryam war und ist mein bester Freund, mit dem ich von Jugend an meine politischen Überzeugungen, Hoffnungen und Gedanken teilte. Wir verbrachten viele Jahre miteinander, von der Grundschule bis zum Universitätsdiplom. Er machte seinen Abschluss 1968 am Soziologischen Institut der Universität Kairo und ich 1971 an der Landwirtschaftlichen Fakultät. Drei Jahre gingen wir getrennte Wege: Während ich als Berufsschullehrer in Sharjah arbeitete, war Taryam Leiter des Sozialamts von Sharjah, kurz vor dem Amtsantritt von Shaikh Khalid bin Muhammad al-Qasimi, meinem Vorgänger als Herrscher von Sharjah. Zusammen mit seinem Bruder ʿAbdullah gründete Taryam 1968 sowohl die erste Tageszeitung des Landes, *al-Khaleej*, als auch das erste Wochenmagazin, *al-Shorooq*. Außerdem war er seit der Gründung der Vereinigten Arabischen Emirate deren Botschafter in Ägypten und vertrat die VAE in der Arabischen Liga.

Er spielte eine aktive Rolle im Arabisch-Europäischen Dialog und führte den Vorsitz der entsprechenden Konferenz 1975 in Abu Dhabi. Zur Amtseinführung waren Seine Hoheit Shaikh Zayid bin Sultan Al Nahyan und die Mitglieder des Obersten Rates anwesend, und der Staatspräsident hielt eine Rede:

Unser Ruf ist der Ruf der Einheit. Das Ziel, das wir uns gesetzt haben und das uns so sehr am Herzen liegt, ist der Aufbau einer arabischen Einheit, die über diese Region hinausgeht – eine Re-

gion, die eine gemeinsame Geschichte hat, die gleichen Sehn-
süchte und Zukunftsvisionen. Wir sind gegen jede Art von Spaltung und Trennung und unterstützen mit aller Kraft die wahre
Einheit unserer arabischen Heimat. Wir sehnen uns nach Frieden, für uns und andere. Wir streben nach Sicherheit für unsere
Region und überall sonst auf der Welt. Wir wünschen unserem
Volk und den Völkern der Welt Stabilität. Wir wollen Wohlstand sowohl für unser Land und seine künftigen Generationen
als auch für die gesamte Menschheit.

Das Treffen des Arabischen Pfadfinderinnenkomitees

Am 1. März 1977 fand auch die feierliche Einführung des Arabischen Pfadfinderinnenkomitees statt. In der Rede, die ich zu diesem Anlass hielt, kündigte ich an, der Staat würde alles in seiner
Macht Stehende tun, um die Pfadfinderinnen bei der Verwirklichung ihrer Ziele zu unterstützen.

Die erste Pfadfinderinnengruppe der Vereinigten Arabischen
Emirate wurde im Januar 1973 gegründet. Sie bestand aus 500
Mitgliedern und nahm am ersten Pfadfinderlager in Hamriya teil.

Da es sich bei der Pfadfinderinnenvereinigung von Sharjah
um eine pädagogisch wertvolle Bewegung handelte, die es sich
zum Ziel gesetzt hatte, aus jungen Menschen in jeder Hinsicht
verantwortungsvolle Bürger zu formen, hatte ich sie seit ihrem
Bestehen finanziell und moralisch unterstützt.

1975 verließen neun junge Pfadfinderleiterinnen erstmals
die Vereinigten Arabischen Emirate, um an einem Trainingsla-
ger des Arabischen Büros für Pfadfinderinnen in Bahrain teilzunehmen.

Im gleichen Jahr fuhr die Pfadfinderinnenvereinigung zum Treffen des Arabischen Pfadfinderinnenkomitees in Kairo und wurde bei dieser Gelegenheit gleich als Mitglied der Konferenz aufgenommen.

1976 nahm die Pfadfinderinnenvereinigung an der 4. Pfadfinderinnen-Konferenz in Tunesien teil und wurde als offizielles Mitglied des Arabischen Büros anerkannt. Zum Zeitpunkt der Konferenz waren 1.675 Leiterinnen und Juniormitglieder gemeldet. Das Gebäude, das der Pfadfinderinnenvereinigung nun als Hauptsitz diente – der frühere Sitz des Emiri Diwan des Bezirks al-Fayhaa – war ein Geschenk von mir an die Pfadfinder.

Zu Besuch in Syrien und Saudi-Arabien

Am 18. März 1977 brach ich morgens zu einem viertägigen Staatsbesuch nach Syrien auf. Außer einem Treffen mit Präsident Hafiz al-Assad stand ein Besuch der Frontlinie bei al-Qunaitra zwischen Syrien und Israel auf dem Programm, gefolgt von Besichtigungen von Betrieben und Museen. Mein nächster offizieller Besuch in jenem Jahr fand im Mai statt und führte mich nach Saudi-Arabien.

Am Vormittag des 17. Mai 1977 landete ich in Riad. Ich blieb nur einen Tag und wollte vor allem König Khalid bin 'Abdul-'Aziz al-Sa'ud zu seiner glücklichen Rückkehr gratulieren, nachdem er sich einer ärztlichen Behandlung hatte unterziehen müssen. Bei unserem Empfang war auch der Gouverneur von Riad anwesend, Prinz Salman bin 'Abdul-'Aziz al-Sa'ud.

Während des Treffens mit König Khalid bin 'Abdul-'Aziz al-Sa'ud, bei dem auch Kronprinz Fahd bin 'Abdul-'Aziz anwesend war, verlieh ich der immensen Wertschätzung Ausdruck, die der Präsident der VAE und sein Volk für das Königreich Saudi-Arabien und seine Regierung empfanden.

9

Haushaltsdebatten

In der Sitzung des Obersten Rates der Föderation vom 6. November 1976 hatte der Ministerausschuss für Finanzen dem Rat einen Entwurf für den Gesamthaushalt des Jahres 1977 vorgelegt. Die Haushaltsansätze waren sehr hoch und bedurften einer Überprüfung. Zu diesem Zweck wurde ein Ausschuss gegründet, der den Haushaltsentwurf noch einmal im Hinblick auf den von den Bundesministerien und Behörden angemeldeten Finanzbedarf überarbeiten sollte. Der Vizepräsident, Shaikh Rashid bin Sa'id al-Maktum, schlug Staatspräsident Shaikh Zayid bin Sultan Al Nahyan vor, dass ich den Vorsitz dieses Ausschusses übernehmen solle. In besagtem Ausschuss saßen Shaikh Hamad bin Muhammad al-Sharqi, Herrscher von Fujairah, Shaikh Hamid bin Rashid al-Nu'aimi, Kronprinz von 'Ajman, und die Mitglieder des Ministerausschusses für Finanzen. Ich willigte ein, den Vorsitz zu übernehmen, obwohl mein Kalender vor Sitzungen, Treffen und Veranstaltungen bereits überquoll. Zuerst setzte ich mich mit den Budgets der verschiedenen Ministerien und Institutionen auseinander und diskutierte allwöchentlich mit den entsprechenden Stellen darüber. Dieser Prozess nahm vier Monate in Anspruch. Das Ziel war nicht nur die Festlegung der erforderlichen Geldmengen, sondern auch eine Reform der damals gültigen staatlichen Finanz- und Verwaltungssysteme, die ich allesamt einer gründlichen Prüfung unterzog.

Am 7. Mai 1977 legte der Oberste Haushaltsausschuss dem Nationalrat der Föderation den Haushaltsentwurf für das Jahr 1977 vor, der dann in einer eigens dafür angesetzten Sitzung diskutiert werden sollte. Die wichtigsten Haushaltsposten umfassten die Bereitstellung von Geldern für ca. 4000 Arbeitsplätze, die der vorige Haushalt nicht abgedeckt hatte, dann für die Schaffung von etwa 5000 dringend benötigten Stellen im Verwaltungsbereich (wodurch die Anzahl der Staatsangestellten auf 34.000 ansteigen würde) und drittens für die Einführung einer neuen Lohntabelle einschließlich Boni und Prämien für staatliche Angestellte, die auf die neuen Lebensverhältnisse in den VAE zugeschnitten war. Entsprechend dieser Lohntabelle, die der Ausschuss während seiner letzten Sitzungen Anfang Mai 1977 ausgearbeitet hatte, sollte das Grundgehalt um 40% angehoben werden, dabei mindestens um 450 VAE-Dirham und maximal 1.500 VAE-Dirham pro Monat. Die insgesamt dafür im Gesamthaushalt 1977 zur Verfügung stehende Summe belief sich auf etwa 11 Milliarden VAE-Dirham.

Am 18. Mai wurde besagter Haushalt vom Nationalrat und am 9. Juni 1977 vom Obersten Rat der VAE angenommen.

Die Rede vor dem Nationalrat der Föderation: Transparenz und Verantwortung

Am Vormittag des 21. Juni 1977, einem Dienstag, traf ich mich mit dem Staatspräsidenten Shaikh Zayid bin Sultan Al Nahyan und setzte ihn davon in Kenntnis, dass ich gleich nach unserem Treffen eine Rede vor dem Nationalrat halten wolle. Ich legte Shaikh Zayid die Inhalte meiner Rede dar, und er war einverstanden.

Dann trat ich vor den Nationalrat, begrüßte die Anwesenden und sagte:

Meine lieben Brüder, die Ihr hier als Mitglieder des Nationalrats der Föderation versammelt seid. Zunächst möchte ich Euch für die großzügige Einladung danken, die es mir ermöglicht, heute mein Wort an diesen hochgeschätzten Rat zu richten.

Voller Freude habe ich diesem Treffen mit Euch entgegengeblickt, meinen lieben Brüder, und setze all mein Vertrauen und meine Hoffnung in Eure Fähigkeiten. Ich habe Euren Ausführungen in diesem Rat mit dem Herzen und mit dem Verstand gelauscht, denn ich glaube, dass objektive Diskussionen unerlässlich sind, wenn wir unser Ziel erreichen wollen, ohne dass Voreingenommenheit oder persönliche Interessen dem im Wege stehen. Hier offenbart sich das wahre Gesicht der Demokratie.

Ich bitte Euch, meine Brüder, mich heute in aller Offenheit an Euch wenden zu dürfen und alle Fakten klar und deutlich vor Euch auszubreiten, damit Ihr diese mit der richtigen Einstellung betrachten könnt. Jeder von Euch wurde auf derselben Grundlage mit den Angelegenheiten dieses Landes betraut und muss sich mit allen Themen beschäftigen. Ich bitte Euch, dem in Euch gesetzten Vertrauen vor Allah gerecht zu werden, im Namen unseres Erbes, unseres Volkes und der arabischen Nation.

Unser Land, die Vereinigten Arabischen Emirate, hat in dem Glauben, dass unser Weg der Vereinigung der richtige ist, riesige Schritte in Richtung Entwicklung und Fortschritt gemacht, trotz aller Schwierigkeiten, die sich auftaten. Die ganze Welt ist unser Zeuge.

Vorher war unser Leben von Spaltung und ewigen Streitigkeiten geprägt, und der Hass wohnte mitten unter uns. Viele Jahre lang waren wir von der arabischen Nation abgeschnitten. Doch dank unserer ernsthaften Bemühungen, unserer guten Absichten und unserer unbeirrbaren Entschlossenheit hat unser Wille zur Vereinigung den Sieg davongetragen. Hindernisse wurden überwunden und es wurde ein Staat gegründet.

Als die Vereinigten Arabischen Emirate ihre Einheit und Unabhängigkeit erlangten, glaubten gegnerische Mächte, wie zum Beispiel Großbritannien und der Iran, dass Erfolg und Einigkeit für unsereins unerreichbare Ziele seien. Mächte wie diese arbeiteten hart daran, die Gräben zwischen den Emiraten und Familien zu verbreitern und zu vertiefen. Es gelang ihnen sogar, einen Keil zwischen einen Herrscher und dessen eigenen Bruder zu treiben. Sie verbreiteten Hass, Arglist und Missgunst und hofften, ihre bösen Taten würden sich für sie auszahlen.

Diese Mächte waren es auch, die die Fähigkeiten der Söhne und Töchter dieses Landes zweifelhaft erscheinen ließen. Sie ließen *Agents Provocateurs* zurück, die sich gegen dieses Land verschworen – ein Land, das gegen niemanden Böses im Schilde führte, das niemanden wegen seiner Rasse oder Herkunft benachteiligte.

Es war schon so lange von Fremden heimgesucht worden, die seine Ressourcen verprassten und sich fortgesetzt unrechtmäßig in die Ehre unseres Volkes und in seine Wirtschaft einmischten.

Dennoch ist es unserem Schiff gelungen weiterzusegeln, und heute wird es von einem klugen Kapitän gelenkt, einem politischen Führer, der während des Jom-Kippur-Krieges (1973) die historische Entscheidung traf, gegen die Feinde der Araber ein Ölembargo zu verhängen, und das zu einer Zeit, als Angst und Zweifel herrschten. Ein Führer, der mit seinem Satz »Arabisches Öl ist nicht kostbarer als arabisches Blut« Millionen von Arabern aus der Seele sprach; ein Führer, der nun an der Spitze dieses Staates steht, dessen Wiedergeburt er ermöglicht hat.

Meine lieben Brüder, es ist kein Geheimnis, dass ich zu den größten Befürwortern der Vereinigung gehöre. Einmal, das war im Jahre 1973, sagte ich zu Seiner Hoheit dem Staatspräsidenten, Shaikh Zayid, dass dieses Land vereinigt werden müsse. Er gab mir die weise Antwort: »Spring nicht zu früh zu weit nach vorn. Kommt Zeit, kommt die ersehnte Einheit.« Und hier sind wir, nach all der Zeit und all den schwierigen Entscheidungen, die wir treffen mussten – wir sind tatsächlich die nötigen Schritte zur Einheit gegangen.

Ihr habt ein Recht darauf, meine Brüder, dass alle Fakten offen ausgebreitet werden, vor allem, nachdem wir vielen mit großer Toleranz begegnet sind, die unseres Vertrauens nicht würdig waren. Das haben wir nicht aus Schwäche oder Gefälligkeit getan, sondern, weil es in der Natur dieses Landes liegt, großzügig und versöhnlich zu sein. Dennoch müssen wir Rechtsverletzungen offenlegen, wir dürfen künftig nicht mehr hinnehmen, dass andere dieses Land in irgendeiner Art und Weise missbrauchen. Wir müssen jene, die uns schaden wollen, um jeden Preis davon abhalten. Manche haben irrtümlicherweise angenommen, diese Föderation lade dazu ein, zu rauben, zu plündern, ureigene Interessen zu verfolgen oder regionale Ziele zu verwirklichen. Ich hingegen verstehe Föderation so, dass es hier um Opferbereitschaft geht, um Großmut, Aufrichtigkeit, Loyalität und die Liebe zu diesem wunderbaren Land.

Meine Brüder, noch ein weiteres Thema möchte ich hier ansprechen: Es geht um den Obersten Haushaltsausschuss.

Als dem Obersten Rat Ende letzten Jahres der Haushaltsentwurf vorgelegt wurde, war der Haushalt zu groß, als dass er hätte verabschiedet werden können. Deswegen benannte der Oberste Rat einen Ausschuss, der den Haushalt noch einmal überprüfen sollte. Bereits in der ersten Woche erkannten wir, dass wir in einem Meer voller Probleme schwammen. Einige davon möchte ich hier nennen:

— Es gab Missverständnisse zwischen dem Finanzministerium auf der einen und allen anderen Ministerien auf der anderen Seite. Das Finanzministerium erschien allzu streng in der Bewilligung von Ausgaben, was andere Ministerien als ein Zeichen von Misstrauen deuteten. Die Ursache war das Fehlen eines Mechanismus, der die Beziehung zwischen beiden Seiten regelt.
— Auch zwischen den Ministerien und dem für die Einstellung von neuen Staatsbeamten zuständigen Rat kam es zu Missverständnissen — wieder, weil das Verhältnis zwischen beiden nicht geregelt war.
— Nicht angemessene, nicht vorhandene oder wirkungslose Gesetze brachten viele Projekte zu Fall.

– Das Lohnniveau der Angestellten im Ministerium war im Vergleich zum Privatsektor sehr niedrig, wodurch Gleichgültigkeit und Nachlässigkeit Einzug hielten. Dennoch haben wir in unserem Land ein rasantes Wachstum beobachtet, während sich die Welt um uns im Umbruch befindet. Dadurch sahen sich einige Ministerien gezwungen, eine Aufstockung der Gehälter ihrer Angestellten zu fordern – um den gestiegenen Lebenshaltungskosten Rechnung zu tragen, um mit den Kollegen aus den Nachbarländern mithalten zu können oder weil die Ministerien ein Interesse daran haben, in ihren verschiedenen Bereichen über erfahrene Angestellten zu verfügen und diese auch halten zu können.

Also bewilligte das Ministerkabinett die Lohntarife für die folgenden öffentlichen Sektoren: Bildung, Gesundheitswesen, Pharmakologie und Veterinärmedizin, Polizei, Armee sowie für die Imame und Muezzins in den Moscheen.

Dies wirkte sich jedoch negativ aus, weil andere Sektoren und Berufsgruppen sich übergangen fühlten; das Dienstleistungsniveau verschlechterte sich, die Produktivität nahm ab. Es handelte sich um einen klaren Verstoß gegen Artikel 119 des Bundesgesetzes Nr. 8 (1973).

Diese Sachlage machte es erforderlich, dass vor der Einreichung des Haushalts noch Überprüfungen vorgenommen wurden. Der hierfür zuständige Ausschuss beschloss, bestimmte Bereiche unter die Lupe zu nehmen, darunter das Berufsbeamtentum, Stelleneinstufungen, Buchführungssystem und Rechnungsprüfung, die gesetzlichen Regelungen für Ausschreibungen und Auktionen sowie die Statuten zur Beschaffung und Lagerung von Waren.

Für das Berufsbeamtentum erwog der Ausschuss, entweder das System des Angestellten-*Diwan* zu übernehmen oder das bestehende Berufsbeamtensystem zu reformieren. Nach langen Diskussionen einigte sich der Ausschuss auf die Änderung des bestehenden Systems und die Ergänzung um einige Artikel – vor allem aus zwei Gründen: Erstens war das Berufsbeamtensystem bereits vorhanden und alle Beamten damit vertraut, und zweitens regelt das Beamtenrecht das bestehende System, während der Angestellten-*Diwan* noch nicht durchsetzbar ist.

Aber auch andere dringend benötigte Lösungen nahm der Ausschuss in Angriff. Ein wichtiges Thema betraf zum Beispiel die Stelleneinstufungen: Welche Qualifikation, Anforderungen oder Bedingungen für den Antritt einer Stelle nötig sind, war nirgendwo festgelegt. Uns kam zu Ohren, dass ein Ingenieur, der für das eine Ministerium arbeitet, doppelt so viel verdient wie ein Ingenieur mit der gleichen Qualifikation und der gleichen Berufserfahrung, der in einem anderen Ministerium sitzt. Aus diesem Grund wurden Arbeitsplätze nach akademischer Ausbildung und praktischer Erfahrung klassifiziert; für unsere eigenen Staatsbürger galten diese Einschränkungen jedoch nicht. Bezüglich Buchführungssystem und Rechnungsprüfung beschloss der Ausschuss, die Diskussion auf die erste Sitzung nach der Sommerpause zu vertagen, um die laufenden Arbeiten nicht zu stören. Beim Punkt Ausschreibungen und Auktionen stellte jedes Ministerium sein Beschaffungssystem und seine Vorgehensweise vor. Die Statuten für die Beschaffung und Lagerung von Waren regeln den verwaltungstechnischen Umgang mit gelagerten Waren; durch das Führen von Inventarlisten soll vermieden werden, dass Waren doppelt angeschafft und damit Gelder verschwendet werden.

Aus den geschilderten Punkten kann man eine Reihe von Schlussfolgerungen ziehen: Erstens herrscht im Öffentlichen Dienst ein dringender Bedarf in puncto Zusammenarbeit zwischen dem Verwaltungsrat und den Ministerien und an Kontrollmechanismen zur Regelung dieser Beziehung. Zweitens müssen im Hinblick auf die gesetzlichen Bestimmungen für Ausschreibungen, Auktionen und direkte Anschaffungen jeder Behörde – in Absprache mit dem Finanzministerium – bestimmte Vollmachten verliehen werden, um es an Ausschreibungen, Auktionen und direkten Anschaffungen zu beteiligen.

Auf den Haushalt werde ich an dieser Stelle nicht ausführlich eingehen, da Seine Exzellenz der Finanzminister die verschiedenen Artikel bereits erklärt hat. Ich kann verstehen, dass einige unserer brüderlichen Ratsmitglieder gewisse Beanstandungen vorzubringen hatten. Da wäre zum einen der verspätete Haushalt, der dadurch zustande kam, dass die Ministerien in diesem Jahr noch nicht versiert genug im Umgang mit den neuen Verfahren der Haushaltsdiskussion und mit dem Ausschuss waren. Ein zweiter Punkt betrifft die Größenordnung der neuen Projekte. Viele Projekte befanden sich jahrelang in der Warteschleife und konnten nicht abgeschlossen werden, weil die Kapazitäten des zuständigen Ministeriums für Infrastruktur einfach nicht ausreichten. Deswegen wurden alle unfertigen Projekte aus den Jahren 1974, 1975 und 1976 zusammengestellt und sollen innerhalb eines Jahres vollendet werden.

Meine Brüder, noch ein weiteres Thema von großer Wichtigkeit muss ich ansprechen, und zwar in aller Offenheit. Ich bin sicher, dass Ihr mit mir der Meinung seid, dass unser Staat sich mit dem richtigen systematischen Ansatz auf beste Zukunftsperspektiven freuen kann. Dafür ist ein Fundament aus Fachwissen und solider Planung nötig. Wir brauchen Leicht- und Schwerindustrie, Arbeitskräfte und Visionen, wie für uns die Landwirtschaft der Zukunft, aber auch die industrielle, kulturelle und gesellschaftliche Entwicklung unseres Landes aussehen soll. All das setzt sachgerechte, einwandfreie Planung voraus. So müssen wir zum Beispiel festlegen, welche Projekte innerhalb einer bestimmten Anzahl von Jahren nötig sind und so weiter.

Es ist eine bekannte Tatsache, dass kein Land ohne eine geeignete Planung auf der Basis der jeweiligen Bedürfnisse funktionieren kann. Ein solcher Plan sollte mit einer Zukunftsvision beginnen und dann entsprechende Maßgaben für die Umsetzung innerhalb eines bestimmten Zeitraums aufstellen. Für diese Vision brauchen wir einen Obersten Rat für Nationale Planung, dessen Aufgabe es ist, Szenarien zu entwerfen und deren stufenweise Umsetzung zu überwachen. Dabei sollte er auch in der Lage sein, richtige von falschen Entwicklungen zu unterscheiden, gegebenenfalls korrigierend einzugreifen, Punkte neu zu überdenken, Projekte auf den rechten Weg zurückzuführen etc.

Man kann sich die VAE als einen lebenden Organismus vorstellen, mit einer Bevölkerung von 650.000 Menschen. 250.000 davon sind Staatsbürger der VAE, die übrigen kommen aus anderen arabischen Ländern und dem Rest der Welt. Wie sähe in diesem Falle unsere Vision in Sachen Industrialisierung aus? Wenn wir die Industrialisierung unseres Landes vorantreiben wollten, würde das eine Erhöhung des Ausländeranteils zulasten unserer Staatsbürger erforderlich machen.

Nun mögen manche fragen: »Würde von dieser Situation denn wirklich eine Gefahr ausgehen?« Darauf kann ich natürlich antworten, dass es für jedes Problem auch eine Lösung gibt. Die Gefahr, die in dieser Situation lauert, ist jedoch eher gesellschaftlicher Natur, denn die Bürger der VAE werden noch ein paar Jahre lang in der Minderheit bleiben. Eine andere Facette dieses Problems ist die Tatsache, dass sich bei der Planung weiterer Projekte auch ein anderes prozentuales Verhältnis ändern wird. Derzeit ist das Verhältnis von Männern zu Frauen in den VAE 5:1. Wir müssen also abschätzen, wie sich diese Relation entwickeln wird, wenn wir noch mehr ausländische Arbeiter für unsere neuen Industrieansiedlungen hereinholen. Mit anderen Worten: Für jedes Projekt ist eine gründliche Voruntersuchung nötig. Daraus ergibt sich ein Nutzen, der nicht zu unterschätzen ist.

Ein anderer wichtiger Aspekt in Bezug auf Arbeitskräfte und deren Anwerbung eröffnet sich bei der Betrachtung der Rohstoffe, die uns zur Verfügung stehen, um eine verarbeitende Industrie aufzubauen, die kein Heer an Arbeitern erfordert. Mithilfe der richtigen Planung wird es uns gelingen, dieses Problem auf der Basis der tatsächlichen Bedürfnisse erfolgreich zu lösen. Unser Land besitzt nicht viele Rohstoffe, das ist eine unleugbare Tatsache. Aber wir verfügen über jede Menge Energie, ein idealer Ausgangspunkt etwa für die Petrochemische Industrie, wo Arbeitskräfte in keinen riesigen Mengen vonnöten sind. Das wäre ein weiterer Nutzen, den wir aus einer intelligenten Planung zögen – und es gibt noch viele, viele weitere.

Meine Brüder, bevor ich zum Ende komme, möchte ich Euch allen für Eure Aufmerksamkeit danken. Ich möchte noch einmal betonen, dass wir großes Vertrauen in Euch setzen und voller Hoffnung sind, dass Ihr alles Nötige erreichen werdet. Gleichzeitig wird von Euch mehr denn je erwartet, die Einheit und Integrität dieses Staates zu bewahren. Ihr müsst Eure Stimme erheben für Vereinigung und Eintracht. Dies ist unsere Botschaft und es sollte ebenso die Eure sein, in Eurer Eigenschaft als Oberste Legislative. Es ist auch die Botschaft unserer Massenmedien, die eine wichtige Rolle bei der Herausbildung unserer arabisch-islamischen Identität spielen: Kraft unserer Verfassung sind wir ein arabisches und muslimisches Land; unsere Werte müssen durch unsere Schulen, unsere Vereine und unsere Gesellschaft in die Realität umgesetzt werden. Diese Botschaft müssen wir allesamt verbreiten, mit unserer ganzen Treue, Aufrichtigkeit und Hingabe.

Möge Allah Euch alle zu dem führen, was das Beste für unser Land ist. Dem Nationalrat unter der Führung des Staatspräsidenten Seiner Hoheit Shaikh Zayid bin Sultan Al Nahyan wünsche ich jeden erdenklichen Erfolg. Vielen Dank.

Haushalt und politische Strategien

Kaum hatte ich meine Rede beendet, bestürmten mich die Mitglieder des Nationalrats mit Fragen. Als erstes wollte Nasser Lutah wissen, welche Strategie der Staat in Bezug auf Ausländer verfolge, die in den VAE Land und Grundstücke besaßen, und welche Regelungen es für diesen speziellen Fall gäbe. Ihn interessierte vor allem die Tatsache, dass Ausländer häufig Grundstücke erwarben, darauf Bauvorhaben realisierten und diese dann wieder an Einheimische verkauften. Da sie danach mit diesem Kapital in ihre Heimatländer zurückkehrten, entstünde in den VAE ein Cashflow-Problem. Ich begann zu erklären:

Es gibt einen Ausschuss, den das Kabinett ins Leben gerufen hat, um Themen im Zusammenhang mit der inneren Sicherheit und wirtschaftlichen Aspekten zu untersuchen. Ein besonderes Augenmerk wird dabei auf kommerzielle Projekte gelegt, in die ausländische Parteien involviert sind. Dieser Ausschuss kümmert sich auch um Dinge wie Landbesitz von Nicht-Einheimischen und die Koordination von Industrieprojekten. Der Oberste Rat hat solche Fragen besprochen und es wurden geeignete Maßnahmen ergriffen. So fällt es zum Beispiel in die Verantwortung des Innenministers, darüber zu wachen, dass keine ausländischen Arbeiter im Alter von über 50 Jahren eingestellt werden, dass sie nicht krank sind und dass sie nicht länger als 24 Monate im Land bleiben. Darüber hinaus bat der Oberste Rat um die Verabschiedung des Arbeitsgesetzes und die Durchführung von Kontrollen, um illegale Einwanderer aufzuspüren. Parallel dazu wurde der Kabinettsausschuss aufgefordert, einen Vorschlag zu unterbreiten, wie sichergestellt werden könnte, dass Ausländer nicht im Besitz von Grundstücken und Einheimische nicht an entsprechenden Transaktionen beteiligt sind. Dieser Ausschuss wird Kontakt mit Kuwait, Saudi-Arabien und Qatar aufnehmen, um von deren Erfahrungen mit Gesetzen dieser Art zu profitieren. In Sachen Industrialisierung wurde der Planungsminister beauftragt, eine Bestandsaufnahme des Staates vorzunehmen und einen Plan zu entwerfen, der dafür sorgt, dass eventuelle Konflikte im Zusammenhang mit Industrieprojekten beseitigt werden.

Die nächste Frage kam von Ratsmitglied Ahmad Sultan al-Jaber. Es ging um die vorläufige Verfassung, die noch in Kraft war, obwohl der Oberste Rat bereits beschlossen hatte, einen Ausschuss zu gründen, der sich der Ausarbeitung einer endgültigen Verfassung annehmen sollte. Als dieser Ausschuss seine Arbeit beendet hatte, wurde das Thema endgültige Verfassung jedoch vertagt, und auch die vorläufige Verfassung war noch nicht vollständig umgesetzt worden.

Meine Antwort lautete:

Dieser Staat wurde zu einer Zeit gegründet, als wir gespalten und uneins waren. Die Gegner unserer Nationengemeinschaft und des Staatsinteresses sind immer noch da und hecken den nächsten Ärger aus. Als es um unsere Einheit ging, sagte Seine Hoheit Shaikh Zayid, dass wir unser Ziel mit der Zeit erreichen werden. Wir müssen vergleichen, wo wir vor zwei Jahren waren und wo wir heute stehen. Ich kann bestätigen, dass 90 % der Ziele, die wir uns in Bezug auf die Föderation gesetzt hatten, erreicht wurden. Die Sicherheitsbehörden, die Verteidigungsministerien, die Massenmedien und die regionalen Institutionen wurden allesamt zusammengeführt – und das innerhalb relativ kurzer Zeit. Ich weiß noch, wie eines der Ratsmitglieder in Kairo zu Shaikh Zayid sagte: »Wie könnte es Streit zwischen Kairo und Alexandria geben?«[20], woraufhin Seine Hoheit erwiderte: »Sagt mir, wann Kairo und Alexandria vereint wurden, dann werde ich Euch antworten.«

Ich hatte in meiner Ansprache bereits geschildert, wie Shaikh Zayid auf meine Frage bezüglich der Bedeutung der staatlichen Einheit erwidert hatte, es sei wichtig, der Zeit nicht vorauszueilen, und dass mit der Zeit auch die Einheit käme.

Ich ergänzte:

Es stimmt, eine endgültige Verfassung hat natürlich Vorteile. Doch diese Vorteile werden gleich nach der Vereinigung ver-

---

[20] Eine Anspielung auf Streitigkeiten zwischen einzelnen Emiraten.

schwinden, wenn wir nicht bei allen Artikeln der endgültigen
Verfassung Übereinstimmung erreicht haben. Auf der anderen
Seite verschafft uns die vorläufige Verfassung die dringend benötigte Zeit, um uns auf die Einheit vorzubereiten, ohne im Sumpf
der konstitutionellen Phraseologie zu versinken.

Ich bin seit jeher ein überzeugter Befürworter einer endgültigen
Verfassung. Doch ich habe bemerkt, dass es ebenso viele Faktoren gibt, die zur Einheit führen, wie solche, die die Verwirklichung einer nachhaltigen Einheit behindern. Deswegen hat der
Oberste Rat entschieden, seine dahingehenden Überlegungen zu
vertagen, damit ein längerer Zeitraum darauf verwandt werden
kann, wichtige Fragen zu klären. Ich bin überzeugt: Wenn die
neue Verfassung uns einengen würde, ist es besser, nicht an ihr
festzuhalten. Und wenn die vorläufige Verfassung es uns erlaubt,
freier zu arbeiten, dann ist es viel besser, sich weiterhin zu bemühen, in die vorläufige Verfassung all jene Elemente einzuglie-
dern, die letztlich zu unserer endgültigen Einheit führen.

Abschließend sagte ich: »Was die gegenwärtigen Probleme angeht, so hoffen wir, dass sie nur vorübergehender Natur sind und
sich nicht auf unser Befinden auswirken oder auf den Weg, den
der Staat eingeschlagen hat. Unsere Nation braucht jene, die
sie um ihres Großmuts und ihrer Freigiebigkeit willen lieben.
Wir lieben unser Land aus ganzem Herzen und wünschen ihm
nur das Beste.«

Ahmad Rahma al-ʿAmri fragte: »Euer Hoheit, Ihr sagtet, dass
die Zukunft unseres Landes nicht ohne systematische Planung
funktioniert. Ihr habt erklärt, dass dies nur mithilfe eines Obersten Rates für Planung erreicht werden könne. Wurden schon
Schritte unternommen, um einen solchen Rat zu gründen? Und

seid Ihr zufrieden mit der vorläufigen Grundordnung unseres Staates?«

»Wir sind ein muslimischer Staat«, begann ich.

Viele Leute sind verwirrt, wenn wir das Wort Grundordnung verwenden und damit rechtliche Rahmenbedingungen meinen – denn unsere eigentliche Grundordnung ist der Qur'an. Und weil wir ein muslimisches Land sind, müssen wir uns an die Inhalte unserer Grundordnung halten, das heißt, an die Regeln des Qur'an.

Ob ich mit unserer vorläufigen Verfassung zufrieden bin? Dazu kann ich nur sagen, dass sie in ihrer derzeitigen Form zu etwa 65–70 % das erfüllt, worauf wir hinauswollen. Die Befürchtung war nur, dass wir die verbleibenden 30 % unserer hehren Ziele vielleicht ungewollt vergeuden könnten.

Was den Rat für Planung betrifft, so haben wir bereits über die finanziellen Schwierigkeiten und die erforderlichen Systemvoraussetzungen gesprochen und kamen zu dem Schluss, dass wir für jedes Dorf im Lande eine umfassende Planung brauchen. Und diese Planung sollten wir auch durchführen, denn wir wollen die Tatsache betonen, dass wir eine Nation sind.

Wir haben herausgefunden, dass in einigen Dörfern 60 Familien in nur zehn Häusern leben. Es gibt Dörfer ohne Strom und andere Grundleistungen. Deswegen haben wir das Ministerium für Planung gebeten, die gesamte Fläche der VAE zu betrachten und einen Bundesplan aufzustellen, dessen Neuerungen jedes Dorf erreichen. Es ist wichtig, dass wir uns der Lebensbedingungen bewusst werden, die in unserem Land herrschen, und wie dringend Schulen, Krankenhäuser und andere Dienste gebraucht werden. Die Arbeit macht Fortschritte, sodass uns bald ein vollständiges Bild vorliegen wird.

Der Oberste Haushaltsausschuss wird die Lebensbedingungen der Menschen untersuchen und nach dem Sommer besagte Dörfer und Gegenden besuchen. Außer um den Haushaltsentwurf wird sich der Ausschuss darum kümmern, mit den zuständigen Ministerien (Planung, Infrastruktur, Bildung etc.) jedem Dorf einen Besuch abzustatten, um vor Ort die Bedürfnisse zu klären und zu entscheiden, welche Maßnahmen abgeschlossen und welche noch offen sind.

Nächstes Jahr wird sich zeigen, dass sich die meisten Projekte auf die Grundversorgung in Dörfern und in Beduinengebieten konzentrieren werden, wo große Armut herrscht. Die Bewohner jener Orte sind hilfsbedürftiger als jene Bürger, deren Pro-Kopf-Einkommen hoch genug ist, um angemessen leben zu können.

Hamad bu Shihab fragte: »Euer Hoheit, Ihr wisst, dass der Staatshaushalt zentral in den Händen des Finanzministeriums liegt. In den vergangenen fünf Jahren ist uns aufgefallen, dass Minister, die den Rat aufsuchen, um über Angelegenheiten ihrer eigenen Ministerien zu sprechen, sich darüber beschweren, dass das Finanzministerium immer Probleme verursacht. Des Weiteren möchte ich nach dem Zusammenschluss der Sicherheitsbehörden fragen. Bedeutet das wirklich eine Verschmelzung zu einem Organismus oder nur engere Zusammenarbeit? Drittens: Was ist aus dem Handelsvertreterrecht geworden? Unserer Beobachtung nach gehören solche Handelsvertretungen in 99,9 % der Fälle Ausländern. Und zuletzt: Welche Kriterien werden den neuen Lohntabellen zugrunde gelegt?«

Ich führte aus:

In Bezug auf das Finanzministerium scheint es wirklich jede Menge Missverständnisse zu geben. Ich selbst gehörte zu denen, die die Arbeit des Finanzministeriums kritisierten, bis ich herausfand, dass das eigentliche Problem darin bestand, dass die nötigen Gesetze und Vorschriften fehlten, die das Verhältnis zwischen ihm und den anderen Ministerien regeln. Dieses Ministerium muss nun einmal sehr streng sein, das liegt in der Natur der Sache. Wenn man mit den Finanzen eines anderen betraut wird, muss man sehr vorsichtig sein, damit man die Gelder, die einem anvertraut wurden, nicht verschwendet. Das Ministerium ist stets auf der Hut, nicht zu viel auszugeben, und umgekehrt klagten einige Minister, sie hätten nicht einmal genügend Spielraum, um lächerliche 5.000 Dirham auszugeben.

Nun, nachdem Kontrollmechanismen ausgearbeitet wurden, die die Beziehung zum Finanzministerium regeln und den anderen Ministerien den nötigen Spielraum verschaffen – das geht so weit, dass einige gesagt haben, sie seien zufrieden mit 50% von dem, was vom Obersten Rat festgelegt wurde –, kann ich sagen, dass von heute an niemand mehr über das Finanzministerium oder den Verwaltungsrat klagen kann.

In Bezug auf das Handelsvertreterrecht habe ich erwähnt, dass eine der Aufgaben des Kabinettsausschusses darin besteht, sich anzuschauen, wie unsere Nachbarländer an dieses Thema herangegangen sind.

Was die Polizei betrifft, weiß ich, dass die Polizeitruppe in all ihren Angelegenheiten, Ausgaben und Verfahrensweisen vollkommen föderalistisch organisiert ist.

Die Einteilung in Lohn- und Tarifgruppen liegt dem Rat nun zur Prüfung vor. Wie ich hörte, wurde vorgeschlagen, die Obergrenze zu senken und die Untergrenze anzuheben. Ich sollte noch anmerken, dass eine Erhöhung der Beamtengehälter nicht automatisch bedeutet, dass alle Angestellten, die für Polizei, Armee, Ärzte, Lehrer oder Tierärzte arbeiten, mehr verdienen. Jene Berufsgruppen haben bereits so viele Lohnerhöhungen erhalten, dass andere Angestellte des Öffentlichen Dienstes – diejenigen, die die staatliche Maschinerie am Laufen hielten und entsprechend viel Verantwortung zu tragen hatten – sich benachteiligt fühlten. Infolgedessen breitete sich ein Gefühl von Gleichgültigkeit und Nachlässigkeit aus, es kam zu Veruntreuung, Bestechung und anderen Fehlentwicklungen, die unserer Gesellschaft eigentlich fremd und völlig inakzeptabel sind. Ich persönlich zweifele nicht an der Aufrichtigkeit irgendeines Staatsdieners, aber Unachtsamkeit und Ineffizienz bei der Arbeit haben dazu geführt, dass viele Projekte ins Stocken gerieten und wir hinter unserer normalen Erfolgsquote zurückblieben.

Aus diesem Grund war es notwendig, die Lebensverhältnisse in den Vereinigten Arabischen Emiraten zu untersuchen und sie mit denen von Qatar, Saudi-Arabien und Kuwait zu vergleichen. Ein Blick in die Lohntabellen dieser Länder hat uns gezeigt, dass einige sich unsere Gehälter als Ausgangspunkt genommen und sie im Laufe der Jahre verdoppelt haben, während sie bei uns stagnierten. In Saudi-Arabien sind die Lebenshaltungskosten niedrig, weil der Staat viele Güter subventioniert. In Kuwait gibt es Kooperativen, die Grundnahrungsmittel zu reduzierten Preisen verkaufen. Unsere Lohntabelle orientiert sich nicht nur an finanziellen Aspekten, wie manche vielleicht glauben. Daher haben wir uns nach Kräften bemüht, sie auf ein vernünftiges Niveau zu heben.

10

Zayid in Teheran

Im Oktober 1977 erhielt Seine Hoheit Shaikh Zayid bin Sultan Al Nahyan eine offizielle Einladung von Schah Mohammad Reza Pahlavi, den Iran zu besuchen. Shaikh Zayid nahm die Einladung an. Als Termin wurde der 1. November 1977 festgesetzt.

Doch vor Shaikh Zayids offiziellem Iranbesuch sollte zuerst ich in den Iran kommen. Das jedenfalls wünschte sich der Schah, nachdem er sich mit Kim Roosevelt, einem Freund von mir, unterhalten hatte. Als Mohammad Mosaddegh 1951 zum Premierminister gewählt und die iranische Ölindustrie verstaatlicht worden war, war Roosevelt der für die Region zuständige US-Geheimdienstoffizier. Schah Pahlavi war nach Mosaddeghs Wahl ins Exil gegangen, aber Roosevelt gelang es 1953, den Schah wieder einzusetzen.[21]

Bevor Kim Roosevelt zu einem Treffen mit dem Schah in den Iran reiste, legte er einen Zwischenstopp bei mir in Sharjah ein.

---

[21] Mosaddegh wurde 1953 mithilfe einer berüchtigten CIA-Aktion gestürzt, und der Schah kehrte an die Macht zurück.

Ich erzählte ihm von Shaikh Zayids bevorstehendem Staatsbesuch im Iran.

»Shaikh Zayid ist ein Freund«, sagte ich, »ich kenne ihn sehr gut. Leider wurde der Schah völlig falsch über ihn informiert; ich wünsche mir aber, der Schah würde Shaikh Zayid als Freund betrachten. Es ist daher zwingend notwendig, dass mit Shaikh Zayids Empfang in Teheran ein sichtbares Zeichen gesetzt wird, das zeigt, dass der Schah seine Meinung über Shaikh Zayid geändert hat.«[22]

Vor meiner Reise in den Iran standen Staatsbesuche im Jemen und im Sudan auf dem Programm, über die ich zuerst ein paar Worte sagen will, bevor ich auf den Iran zurückkomme.

Nachdem Präsident Ibrahim al-Hamdi am 19. Dezember 1976 Sharjah besucht hatte (ein Zwischenstopp auf dem Weg nach Peking), lud er mich in den Jemen ein. Ein konkreter Termin sollte erst später festgelegt werden. Schließlich einigte man sich darauf, dass der Besuch in der zweiten Oktoberhälfte 1977 stattfinden solle. Doch die Ermordung von Präsident al-Hamdi am 12. Oktober 1977 machte meine Reisepläne hinfällig. Auch der für das vorangehende Jahr angesetzte Besuch im Sudan war nicht zustande gekommen; Grund waren die zu jener Zeit stattfindenden Hinrichtungen. Doch es wurden neue Verabredungen getroffen, und am 22. Oktober 1977 landete ich mit meiner Delegation im Sudan. Ich wurde begleitet von Staatsminister Shaikh Ahmad bin Sultan al-Qasimi, Innenminister Hamuda bin 'Ali al-Zaheri, dem Minister für Bildung und Jugend 'Abdullah bin 'Umran bin Taryam, dem Sprecher des Nationalrats der

---

[22] Einzelheiten hierüber finden sich in Kapitel 1.

Föderation, Taryam bin ‘Umran bin Taryam, und meinem Zeremonienmeister Sultan al-Suwaidi.

Am Flughafen von Khartum wurden wir von Vizepräsident Abul-Qasem Muhammad Ibrahim, Al Rasheed Taher Bakr und einer Reihe von Ministern und hohen Beamten des sudanesischen Staates empfangen. Außer dem offiziellen Treffen mit Präsident Ja‘far Numairi stand auch ein Besuch des Gezira-Projektes auf dem Programm.

Zu Besuch im Iran

Zusammen mit meiner Begleitdelegation flog ich am 25. Oktober 1977 von Khartum nach Teheran, wo wir am Flughafen von iranischen Funktionären begrüßt wurden. Später, während des offiziellen Treffens im Palast des Schahs, sprach ich den Schah auf Shaikh Zayid an und fragte ihn: »«Haben Sie mit Kim Roosevelt gesprochen?«

Lächelnd entgegnete der Schah: »Ja, das habe ich. Und worum bitten Sie für Ihren Freund [Shaikh Zayid]?«

»Allen gebührenden Respekt und einen besonders warmen Empfang«, sagte ich.

»Besprechen Sie das mit General Nussairi [dem Leiter des iranischen Geheimdienstes SAVAK] und er wird alles Nötige in die Wege leiten«, sicherte mir der Schah zu.

Als wir sein Büro verließen, begleitete mich der Schah zu seinem Wagen und hielt mir sogar eigenhändig die Tür auf. Dann führte er mich durch den Palastkomplex, in welchem sich unter anderem auch das Büro befand, in dem unser Treffen stattgefunden hatte.

In der *majlis* wurden wir bereits von meinen Delegationsmitgliedern erwartet. Nachdem der Schah Grußworte mit ihnen ausgetauscht hatte, gingen wir zum Bankettsaal. Als der Reis aufgetragen wurde, nahm Hamuda bin ʿAli al-Zaheri ein Reiskorn in die Hand und fing an, dessen Größe in Relation zu seinem Zeigefinger abzumessen. Dem Schah entging das nicht, und er sagte: »Es ist ein sehr langkörniger Reis, der während des Kochvorgangs leicht durchbrechen kann. Aber es gibt eine besondere Zubereitungsmethode, damit das nicht geschieht. Man muss einfach den Reis in warmes Wasser geben und langsam erhitzen, einmal aufkochen lassen und dann abgießen.«

Hamuda bin ʿAli al-Zaheri entgegnete: »Der Reis des Königs ist der König des Reises.«

An jenem Abend lud uns Premierminister Amouzegar zu einem Dinnerbankett ein. Zu meiner Rechten saß General Nussairi, der mich davon in Kenntnis setzte, dass er vom Schah den Auftrag erhalten hatte, mit mir alle Vorbereitungen und besonderen Maßnahmen im Zusammenhang mit Shaikh Zayids Besuch in Teheran zu besprechen.

»Welche Vorkehrungen werden für jemanden wie Shaikh Zayid getroffen?«, fragte ich.

»Die gleichen wir für jedes andere Staatsoberhaupt«, antwortete Nussairi.

»Welche aufwendigere Variante gibt es im Vergleich zu dieser Art Empfang?«, wollte ich wissen.

»Die Begrüßung des Schah, wenn er von einem Staatsbesuch zurückkehrt oder zu einem Staatsbesuch aufbricht«, gab Nussairi zurück.

»Beschreiben Sie mir das näher«, bat ich.

»Nach der offiziellen Begrüßung und der Parade der Ehrengarde sitzt der Schah in einer mit Schimmeln bespannten goldenen Kutsche. Rechts und links von der Kutsche traben 150 Uniformierte. Der Reiterzug setzt sich fort bis zum Shahabad-Ariamehr-Platz, wo junge Frauen traditionelle Tänze aufführen und dabei Räuchergefäße in Händen halten«, erklärte Nussairi.

»Genau diese Zeremonie will ich für den Empfang von Shaikh Zayid«, verkündete ich.

»Wie bitte? Wenn wir derartige Arrangements treffen, werden jene Staatsgäste, die den Iran vorher besucht haben, sich ärgern, und die künftigen Besucher werden das gleiche Programm fordern.«

»Sie tragen dem Schah meine Forderungen vor. Wenn er nein sagt, dann ist alles, was er für seinen Gast tut, seine Sache.«

Nussairi verließ den Raum und kam nach einer Weile zurück. Er drückte meine rechte Hand und sagte: »Der Schah hat Ihren Wünschen zugestimmt.«

Am 28. Oktober flog ich von Teheran zurück nach Sharjah. Auf mich warteten die Details der Gräueltat am Flughafen von Abu Dhabi, die den Minister für Auswärtige Angelegenheiten, Saif bin Ghabbash, das Leben gekostet hatten.

An jenem Tag war der syrische Außenminister 'Abdul-Halim Khaddam zu Besuch in Abu Dhabi, und Saif bin Ghabbash war Teil des Empfangskomitees. Zwar hatten es die Attentäter eigentlich auf Khaddam abgesehen, aber Minister Ghabbash war derjenige, der getroffen wurde. Er war sofort tot.

Da erinnerte ich mich an ein privates Treffen mit dem syrischen Präsidenten Hafiz al-Assad, das auf meinen Wunsch am

21. März 1977, dem letzten Tag meines viertägigen Staatsbesuchs in Syrien, stattgefunden hatte.

Bevor ich an jenem Tag erklären konnte, warum ich um ein Treffen mit dem Präsidenten gebeten hatte, betrat Khaddam den Raum. Ich hielt inne und führte nicht weiter aus, was ich hatte sagen wollen. Nachdem ich eine Weile geschwiegen hatte, musste ich mich zurückziehen; ich verabschiedete mich von Präsident al-Assad und ging.

Kurz bevor ich das Gästehaus verlassen sollte, um zum Flughafen zu fahren, ging ein Anruf des Präsidenten ein. Er bat, der Konvoi möge sich zusammen mit Khaddam bereits auf den Weg zum Flughafen machen, während Shaikh Sultan al-Qasimi sich noch einmal unter vier Augen mit Präsident al-Assad treffen solle.

»Warum sprachen Sie nicht weiter, als 'Abdul-Halim Khaddam den Raum betrat?«, wollte Präsident Assad von mir wissen.

»Weil ich über Khaddam sprechen wollte«, sagte ich.

»Was wollten Sie mir sagen?«

»Als wir nach unserer Ankunft in Damaskus Herrn Khaddam in seinem Büro besuchten, fing er an, Saddam Hussein und seine Leute zu beschimpfen und zu verfluchen. Er stieß wilde Drohungen aus, dass er Bagdad in einer Stunde besetzen könne. Und er verwünschte Jassir 'Arafat und seine palästinensischen Mitstreiter. Und dies geschah, Herr Präsident, in Gegenwart einer Menge von Leuten, einschließlich der mich begleitenden Delegation. Ausfälligkeiten dieser Art schaden nicht nur Herrn Khaddam selbst; auch Syrien wird in Mitleidenschaft gezogen.« Damit überließ ich ihn seinen Gedanken über das, was ich ihm berichtet hatte. Dass Khaddam nun Ziel eines Anschlags wurde, dessen

Täter irakisch-palästinensischer Herkunft war und damit jener Gruppe angehörte, die Khaddam verflucht und bedroht hatte, war wohl Ironie des Schicksals. Der Attentäter wurde von unseren Sicherheitskräften festgenommen.

Nach den Schüssen am Flughafen Abu Dhabi wurden für den 29. Oktober 1977 Krisensitzungen des Obersten Rates und des Ministerkabinetts einberufen. In einer Erklärung des Obersten Rates der Föderation hieß es: »Die Verantwortung für die Garantie der Sicherheit des Landes und der darin lebenden Menschen erfordert es, dass alle nötigen Vorkehrungen getroffen werden, um dieser Pflicht nachzukommen. Die aktuelle Situation macht es außerdem zwingend notwendig, dass Straftäter und Gesetzlose entschieden abgeschreckt werden.« Im weiteren Verlauf der Sitzung des Obersten Rates kam heraus, dass die Maßnahmen, die für Sicherheit hätten sorgen sollen, nicht ausgereicht hatten.

Shaikh Zayids Empfang in Teheran

Am Vormittag des 1. November 1977 fand ich mich in Begleitung der Mitglieder des Obersten Rates der Föderation am Flughafen von Abu Dhabi ein, um mich von Staatspräsident Shaikh Zayid bin Sultan Al Nahyan zu verabschieden, der zu seinem Staatsbesuch in den Iran aufbrach. Dann kehrte ich nach Sharjah zurück und wartete lange auf Neuigkeiten vom offiziellen Empfang, der Shaikh Zayid am Flughafen Teheran bereitet wurde. Am nächsten Tag war in der Zeitung *al-Ittihād* zu lesen:

Gestern empfing der Iran einen herausragenden Gast: Seine Hoheit Shaikh Zayid bin Sultan Al Nahyan, Präsident der Vereinigten Arabischen Emirate. Der offizielle Empfang lockte riesige Menschenmengen an, als Shaikh Zayid um 12 Uhr für einen sechstägigen Besuch in Teheran eintraf. Er folgte damit einer offiziellen Einladung von Seiner Kaiserlichen Majestät Mohammad Reza Pahlavi, Schah des Iran, der seinen Gast am Flughafen persönlich in Empfang nahm. Außerdem anwesend waren hochrangige Staatsbeamte, Minister und Mitglieder der arabischen und anderer diplomatischer Corps im Iran.

Als das Flugzeug gelandet war, eilte Seine Exzellenz Isa Khalfan, der Botschafter der VAE in Teheran, voraus und geleitete Seine Hoheit den Staatspräsidenten die Gangway hinab zur Landebahn, wo er von Seiner Kaiserlichen Majestät Mohammad Reza Pahlavi, Schah des Iran, willkommen geheißen wurde. Nach einer langen Umarmung ergingen sich die beiden Staatsoberhäupter in einer kurzen, freundlichen Unterhaltung, bis ein junges Mädchen vortrat und dem ehrenwerten Gast des Iran einen Blumengruß überreichte.

Im Anschluss stellte Seine Hoheit der Staatspräsident Seiner Majestät dem Schah des Iran seine offiziellen Delegierten vor. Dann machte der Schah des Iran die Gäste mit den anwesenden hochrangigen Staatsdienern bekannt.

Nach deren Begrüßung gingen Staatspräsident und Schah zum VIP-Podium des Teheraner Flughafens, dessen Ein- und Ausgänge mit den Flaggen der Emirate und des Iran geschmückt waren. Der ganze Flughafen war überall mit Blumen dekoriert. Es wurden die Nationalhymnen beider Länder gespielt, gefolgt von 21 Salutschüssen zu Ehren Seiner Hoheit des ehrenwerten Gastes des Iran und einem Überflug von sieben Kampfjets. Da-

nach schritten die beiden Staatsoberhäupter die etwa 200 Mann
starke Ehrenformation ab.

Zurück auf dem VIP-Podium genossen die beiden Staatschefs
eine bemerkenswerte siebenminütige Militärvorführung einschließlich Militärmusik von der Ehrenformation, die kreisför-
mig um das Podium aufgestellt war. Dann begrüßten Seine
Hoheit der Staatspräsident und der Schah die Mitglieder der
Botschaft der VAE in Teheran mit Handschlag.

Nachdem das offizielle Begrüßungszeremoniell am Flughafen
beendet war, fuhren die beiden Staatsoberhäupter in einer von
sechs edlen Schimmeln gezogenen königlichen Kutsche zum
Shahabad-Aryamehr-Platz, begleitet von einer 150 Reiter starken
vierreihigen Eskorte. Flaggen der VAE zierten die gesamte Strecke bis zum Platz, und auf beiden Seiten des Weges standen
unzählige Menschen – Schülerinnen und Schüler, erwachsene
Iraner, ob alt oder jung, alle hielten eine Fahne der Emirate in
Händen und winkten damit dem verehrten Gast des Iran, Seiner
Hoheit Shaikh Zayid bin Sultan, zu, riefen Willkommensworte,
waren fröhlich und lächelten. Die Kavalkade zog an Menschen
vorbei, die schon seit den frühen Morgenstunden dort warteten,
obwohl es in der iranischen Hauptstadt mit 12° C recht kühl
war.

Am Shahabad-Aryamehr-Platz angekommen, einer runden,
20.000 m² großen parkähnlich angelegten Fläche mit vielen Blumen, Gärten und über 30 Springbrunnen, entstiegen die beiden
Staatsmänner der prächtigen Kutsche und begrüßten die unzähligen Iraner, die sich auch hier versammelt hatten.

Zwei iranische Jugendliche, ein Junge und ein Mädchen, ent-
zündeten Räucherwerk zu Ehren Seiner Hoheit des Staatspräsidenten, der, zusammen mit seinem Bruder, dem Schah, zum

Denkmal im Zentrum des Platzes schritt. Zu beiden Seiten des Weges jubelten und klatschten Gruppen von jungen Menschen, um den Staatspräsidenten willkommen zu heißen. Am Denkmal hielt der Bürgermeister von Teheran eine Begrüßungsrede und lobte die guten Beziehungen zwischen den VAE und dem Iran, bevor er Seiner Hoheit Shaikh Zayid das »Geschenk der Stadt«, vier Silberkessel in Form von Kaffeekannen, überreichte, die Seine Hoheit der Staatspräsident dankend entgegennahm.

Danach begaben sich die beiden Staatsoberhäupter zum Golestan-Palast, wo Seine Hoheit der Staatspräsident für die Dauer seines Aufenthalts in Teheran untergebracht war.

Viele werteten den Besuch als Erfolg. Er führte zu besseren Beziehungen zwischen den beiden Ländern und half ihnen, einander besser zu verstehen.

Epilog

DAS SECHSTE JAHR NACH DER STAATSGRÜNDUNG der
Vereinigten Arabischen Emirate gipfelte in einem kostbaren Geschenk von Seiner Hoheit Shaikh Zayid bin Sultan Al
Nahyan an sein Volk: die Einweihung der Universität der Vereinigten Arabischen Emirate am 10. November 1977. In seiner
Eröffnungsrede sagte er: »Geld dafür auszugeben, dass diesen
Ort Generationen gut ausgebildeter Menschen verlassen werden,
ist die beste Investition überhaupt.« Dann fügte er hinzu: »Es ist
an der Zeit, dass wir unseren einstigen Glanz wiedererlangen.
Geld allein wird dazu nicht ausreichen, wir brauchen auch das
dazu passende Wissen, um planen zu können und um aufgeklärte Geister hervorzubringen, die den Weg weisen können.
Andernfalls wird dieses Geld zu Staub zerfallen und nichts als
Armut und Unwissenheit zurücklassen.«

Am 5. Dezember 1977 trat vormittags der Oberste Rat, bestehend aus den Herrschern der Emirate, zusammen. Den Vorsitz
führte Seine Hoheit Shaikh Zayid. Es fielen einige wichtige Entscheidungen, um die weitere Entwicklung unserer Föderation
voranzubringen, darunter die Übertragung von umfassenden
Kompetenzen auf den Innenminister, mit dem Ziel, die Sicherheitsmaßnahmen auszuweiten und die illegale Immigration einzudämmen. Weitere Beschlüsse betrafen die Unterbindung der
Einflussnahme regionaler Behörden in Sachen Einbürgerung und

Wohnsitz, die Durchführung weitergehender Analysen im Hinblick auf die Neuorganisation der Streitkräfte sowie eine Stärkung der Position des Kabinetts bei der landesweiten Umsetzung von Erlassen, Entscheidungen und Gesetzen der Föderation.

Diese Beschlüsse sollten in erster Linie die Erfolge unseres Bundesstaates betonen und dem künftigen Wachstum dienen.

Anfang des Jahres 1978 wurde ein neuer Haushalt in Höhe von 10,5 Milliarden VAE-Dirham vorgelegt. Seine Hoheit Shaikh Zayid bewilligte Fördermittel in Höhe von 50 Millionen Dirham für Lebensmittel, die vom Obersten Haushaltsausschuss eingesetzt werden konnten, und verfügte außerdem, dass alle Bürger, die in einer Sozialwohnung untergebracht waren, auch Wohngeld erhielten.

Die weitere Entwicklung der Föderation wurde von immer neuen Erfolgserlebnissen gekrönt. Während der Oberste Rat der Föderation am Montag, dem 19. Mai 1979, in Abu Dhabi zusammentrat, bewegte sich der größte öffentliche Marsch in der Geschichte des Landes auf die Hauptstadt zu. Die Rufe der Massen forderten eine endgültige Verschmelzung, die völlige Einheit. Seine Hoheit Shaikh Zayid ging hinaus zu den Menschen und versicherte ihnen, mit Freudentränen in den Augen: »Wir werden unseren Kurs beibehalten und den Weg des Fortschritts weitergehen.«

PERSONENREGISTER